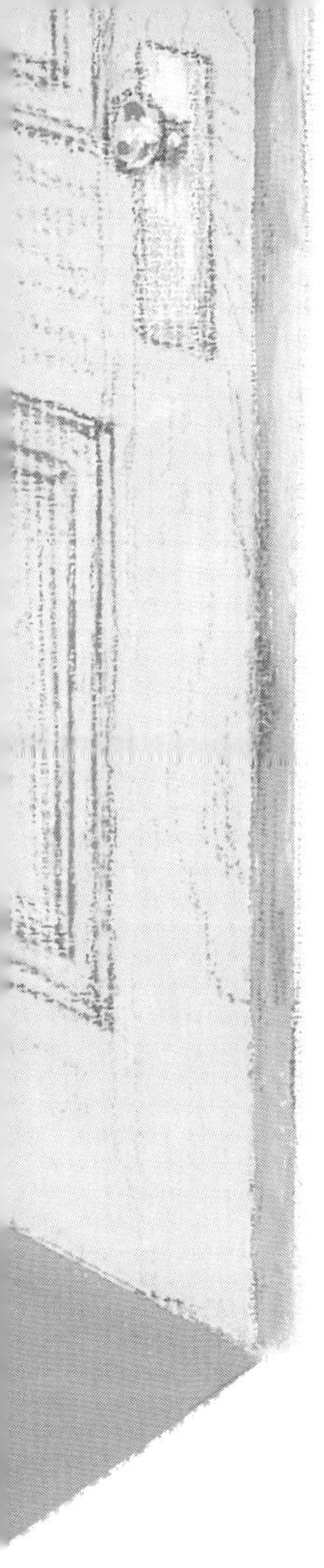

老人ホーム施設長奮闘記

入居者と暮らしを創る30のエピソード

山田勝義
KATSUYOSHI YAMADA

幻冬舎MC

老人ホーム施設長奮闘記

～入居者と暮らしを創る30のエピソード～

本書に登場する人物の名前は全て仮名です。
また、個人の特定を防ぐために様々な配慮を行っております。

はじめに

よく「老人ホームと聞いてどのように思いますか」と質問することがあります。この本を手に取ってくださった皆さんはどのような印象をお持ちでしょうか。「何か暗そうなところ」「やむを得ず入るところ」「老いて亡くなるところ」など、近い感覚を持った方がいらっしゃるのではないでしょうか。並ぶ言葉は何か「後ろ向きな」言葉ばかりです。

このようなイメージをお持ちの方が多いとすると、老人ホームやこれに関連する介護業界に対するイメージは、残念ながら「社会的要請に迫られていることは分かるが、自分は関与したくない」という感じではないでしょうか。

なぜ私がそう言いきれるのか。私も一時期、そのような感想を持ったからです。

高齢となると、自宅で生活を送ることが難しくなり、老人ホームへ入居される方も増えてきます。入居する理由は必要に迫られての方もいらっしゃるでしょうし、人それぞれです。しかし、どちらかと言うとネガティブなイメージを持つ老人ホームに喜んで入居したいと思っている方は多くないのではないでしょうか。

得てして、人はきれいな言葉で物事の本質をすり替えることがあります。例えばネガティブなイメージを持たれがちな老人ホームのことを「社会的要請から必要な施設」などと表現したりします。表現をいくら変えても物事の本質は変わらないにもかかわらず……。

では、私はなぜ老人ホームの施設長の仕事をしているのか。それは入居者の皆さんと一緒に生活を創ることが好きだから。入居者の皆さんの笑顔を見ることが好きだから。

人は生きるのに無駄な時間などない。多くの入居者が自分らしく一生懸命生きること。一緒に愚直に生きて生活を創ること。そこにはひとりひとりのエピソードがあり、私は、そのエピソードが自分らしく完結を迎えるよう微力ながら支えたいと思っています。

この本では老人ホームの生活とはどのようなものか、参考となる30のエピソードを厳選しました。これから老人ホームへの入居を検討する方、ご家族の方々のお力となれれば幸いです。

私は、今日も入居者の皆さんの城を守りたい。決して「姥捨て山」などにしないように……。

介護コンサルタント　山田勝義

老人ホーム施設長奮闘記
〜入居者と暮らしを創る30のエピソード〜

目次

第2章 ● きっかけ

第1章

入居者と暮らしを創る
30のエピソード

1日目

あなたのことが知りたいのです

老人ホームに入居するというのは、一般的に前向きな気持ちで入居することは多くないのだと思います。

例えば、自宅にてひとりで暮らしていくことが難しくなってきた、もしくは病院から退院したものの、そのまま自宅で生活することは難しい等でしょうか。

このような「少し後ろ向きな気持ち」で入居してくる方々に、私はこのような声掛けを行います。

「大丈夫、今日から私が少しでもあなたのことを分かるようにしますから。そして今まで生きてきたあなたの人生をしっかりと受け止めるようにしますから」

老人ホームに入院して「あかの他人」である私が、いきなり入居者の心の中に入り込むことはできませんし、一緒に生活を創るといっても難しいですよね。

まずは、入居される方のお人柄や人生を、あらかじめ少しでも把握し、お話をすることを通じて、お互いが理解すること。これこそが「真の家族」になるための第一歩ではないかと思います。

ついつい、「お互いの間合い」というものを置き去りにし、入居者が生活をしていくうえでできなくなってしまったところ、例えば歩くこと、食べること、お風呂に入ることなどが大変になったから、そのお手伝いをさせていただくということのみを強調するのでは信頼関係を生み出すことは難しいでしょう。入居者の方々はそれぞれ生まれてから今まで歩んでこられた人生があります。ここを理解することこそが住まいとしての老人ホームの使命だと思っています。

病院で受診する目的は治療です。ひと通りの治療が終われば、ひとまずこれで目的は達成したことになります。

しかし、老人ホームに入居するとは、そこで住まい、生活することです。つまり、そこで安心して生活を送ることこそが一番の目的です。そうであるとすれば、そこで生活する入居者の人生の積み重ねや価値観を理解しないで、生活を支えることなどできるはずもないでしょう。

一般的に、「老人ホームを選ぶなら何を重視したら良いか」という問いに対して、私は「自分らしく生活することができるのか」とアドバイスします。

少し具体的に説明すると、自分が安心して生活を送るうえで老人ホームの提供するサービスに「何を求め、何を優先するのか」ということです。

例えば、老人ホームの選び方というような書籍が多く出版されています。そこには老人ホームの入居にあたっての運営形態、費用、医療・介護体制等々が詳細に記載されています。この要素の比較も重要なのですが、これらを比較する過程で、ついつい「念のため」という理由から、「自分にとってあまり必要ではないサービスを含めた施設選びをしてしまう」場合があります。このような施設選びを行うと結果、実際に想定したよりも入居や生活に関する費用がかかってしまうことになります。

繰り返しになりますが、老人ホームは入居者の生活を支える場なのです。そうであればこそ、「自分らしく生活するために必要なサービスは何か」ということを、まずは明確にしましょう。

入居者を受け入れる老人ホーム側も、これら入居者の価値観を大切にしたうえで入居者を知ること、人生を受け止めることこそが、「真の家族」となるための第一歩ではないかと思います。

2日目

私たちに力を貸してください

老人ホームを運営する事業者にとって入居者は大切なお客様です。しかし、何かモノを買うのと違い、老人ホームに入居することは、「そこで生活時間を買う」といい換えることができるのではないでしょうか。

老人ホーム側も、入居者受け入れに先立ち、お身体の状況等、例えばお身体にマヒがあれば、生活していくうえでできること、できないこと、そしてどのような病気を患われ、お薬を飲まれているかなど、情報の確認を行います。

しかし、これらの情報をしっかりと確認したとしても、実際に老人ホームに入居していただいた後、お手伝いをさせていただくと、その情報に「ズレ」があることが普通なのです。例えば、入居者受け入れの際に確認していた情報が「左半身にマヒがある」といっても、そのマヒの状態は入居者ひとりひとり異なっているのが当然です。私たちはこの実際の状況を踏まえ、入居者に応じた介護手順を作成していくのです。

このような時、私は入居者のご家族に、いろいろと相談に乗っていただくようにしています。もちろん入居者が介護を受けながら生活をしていくことに関するご提案ですが、そこでは入居者が生活をするうえで、身体を支えるのみではなく、「入居者の心を支える」という意味でも、入居者がこれまで歩んでこられた人生や、その価値観などを教えていただくようにしています。そうすると、入居者が老人ホームでの生活がより馴染みやすいものとなります。

私は、ご家族との対話を重ねる中で、改めてその入居者の人間像をしっかりとイメージします。そして事前に把握した資料内容と変化がないかを再確認します。つまり、何回も何回も対話を重ねながら、修正していくイメージです。

その内容は、老人ホームの個人用のファイルに記載し、職員と情報共有します。なぜなら、その入居者が老人ホームとして生活するうえで、統一した対応を取ることができるようにするためです。

このように、入居にあたりご家族に支えていただきながら入居者のことを理解していくということを行いつつ、ご家族に対し、私はお互いの信頼を高めるため心掛けていることがあります。

それは、ご家族にこまめに連絡を行い、情報を共有することです。

特に、入居者にとって良くない情報こそ、ご家族に早く伝えるようにしていました。例えば、入居者が転倒した場合や、身体の調子が悪く救急搬送をしなければならない等々、まずは第一報、お伝えするようにしているのです。

確かに、良くない情報を伝えることは、伝える方も緊張しますし、連絡を受けたご家族も驚かれます。この場合の、ご家族への伝え方ですが、冷静に、かつ客観的に「事実のみ」をお伝えするようにしています。また、状況の変化がある場合、こまめに状況報告を行いつつ、施設側としては経過記録をしっかりと残すようにしています。

これは、ご家族への情報共有が遅くなればなるほど、「老人ホーム側が何か隠しているのではないか」と不信感を生じさせる恐れがあるからです。

つまり、伝えづらいことであってもご家族に、素早く、しっかりと伝えることができれば、かえって入居者やそのご家族の皆さんの施設に対する信頼が高まるのではないでしょうか。

ここで、ご家族に重ねてのお願いがあります。それは、入居者を老人ホームに入居させて、「めでたし、めでたし」というわけではないということです。確かに、在宅介護が続くと、「この介護はいつまで続くのであろうか」というような不安感に苛まれることもあったことでしょう。縁あって老人ホームに入居されて、その不安から幾分解消されたことにより、入居者と「適度な距離」が取れるようになったと思います。

そうであるとすれば、老人ホームの入居者に「ちょこちょこ」逢いに来てください。

介護の部分はプロに任せて、笑顔で親子の絆を確かめてください。あとは入居者が安心して生活を送ることができるよう、私たちがしっかりと生活を支えていきます。

3日目　認知症になっても心配し続ける入居者

私の運営する老人ホームの事務所は、1階正面玄関の横にあります。そこで朝の受付の準備をしていると、そこに毎朝必ず顔を見せてくれる入居者の方々が数名いらっしゃいます。皆さん、いわゆる認知症を持たれている方々です。

私が、元気よく「おはようございます」と声を掛けると、皆さん、こうおっしゃいます。

「私、自宅に帰りたいんだけど、タクシーを呼んでくれる？」

この反応、私は当然だと思います。それは住み慣れた自宅が一番落ち着きますし、早く戻りたいと思うのは当然です。しかし、実際ひとりで生活することはできない等々、いろいろな理由で老人ホームに入居しているわけですから、その要求を簡単に叶えるわけにはいかないのです。

ここで、私が施設長になって間もなくの頃の経験をご紹介します。佐藤さん（仮名）は、当時80歳半ば過ぎの認知症の男性です。この佐藤さんには「入居者の生活を支える」ということの本質を教えていただきました。

佐藤さんは、やはり毎日のように自宅に戻りたいとおっしゃっていました。その際、佐藤さんに私は「お部屋に戻りましょう」と言ったり、「今、連絡しますからね」と言ったりしていました。

当然ですが、このような対応をしていたら問題解決にもなりませんし、佐藤さんの行動が収まるわけでもありません。

そこで、私は佐藤さんの言葉を認知症であるからというフィルターを外して、「言葉そのものを素直に受け入れる」ことを徹底してみました。

落ち着いて佐藤さんの目をしっかり見ながら、お話をゆっくりと傾聴していると、しばらくすると佐藤さんは満足されたのか、ゆっくりとお部屋に戻っていかれるのです。

このようなことが何度も続いて気づいたのです。

それは、「人として、しっかりとお話を伺う姿勢」がなければ、そもそもしっかりした対応などできるはずがないということです。

その後、私は佐藤さんのお生まれやご家族の構成、現役時代のお仕事などについて、資料を丁寧に読み込むようにしました。

ある日の朝、佐藤さんは正面玄関のドアを「ドンドン」と叩いています。私が、佐藤さんの斜め前に立って、いくらなだめても手を振り払うほど激しい行動を取るのです。「天気や気圧の影響があるのかな?」と思いつつ、その日の佐藤さんは一日中非常に険しい表情を浮かべていました。

そして翌日の佐藤さんは、また柔和な表情のいつもの佐藤さんに戻っていました。私としては「まあ、たまたまだな」くらいに軽く考えていました。

そしてひと月ほど過ぎたある日、また佐藤さんは前回と同様に、激しい表情で正面玄関のドアを「ドンドン」と叩いているではないですか。そこで、一体何が理由なのであろうかと少し離れたところから、佐藤さんの行動や言動を、じっくりと観察してみました。

その時分かったことは、佐藤さんは、よく黒いセカンドバッグを持って歩いているのですが、そのバッグを「激しく握り締めている」のです。

このような繰り返しが、約3カ月程度続いた月末の昼食時、スタッフから緊急の連絡がありました。

それは、「佐藤さんが2階のレストランの窓から飛び降りた」というのです。

私は、急いで階段を駆け上り、2階レストランに行ってみました。そして、窓から外に目を向けると、歩道を一生懸命歩く佐藤さんの姿を見つけました。

佐藤さんは、歩道を足を引きずりながら、駅の方面に向かって歩いているのです。

私は、老人ホームから駆け出し、すぐに佐藤さんを追いました。そして佐藤さんにやっとの思いで追いつくと、佐藤さんは脚をひどく骨折しているではありませんか。

私は佐藤さんを驚かせないように、ゆっくりとした口調で声を掛けてみました。

「佐藤さん、良い天気ですね。どちらにお出掛けになるのですか」

その時、佐藤さんは必死の表情で私に言葉を発したのです。

「お金を入金しなければ」

その時、初めて私は理解することができたのです。そう今日も月末、そして佐藤さんが、月末になると激しく正面玄関のドアを叩く理由が。

実は、佐藤さんは現役時代に東京都の下町で鉄工所を経営されていました。そして老人ホームに入居してもなお、佐藤さんは、「月末になると支払いや資金繰りに奔走されていた」のだと思います。この現役時代の苦労の記憶が本能に刷り込まれ、このような行動を取ってしまうのが分かったのです。

　早くに奥様を亡くされ、お子様を男手ひとつで立派に育て上げられた佐藤さんは、今や悠々自適なはずなのです。しかし、佐藤さんにとっては老人ホームに入ってからも、この月末の支払いや資金繰りについての心配が大きく、ついにはそのために2階から飛び降りてしまうというような行動に出たのでしょう。

　それから私は月末になり、佐藤さんがまた険しい表情で、激しく正面玄関のドアを叩いている時に、このように耳元で囁きました。

「佐藤さん、事務員が支払いや資金繰り関係を全て手配しましたよ」

　そうすると、佐藤さんは安心し、落ち着いた表情となり、

「そうか」

と、ボソッとつぶやきながら居室に戻りました。

これはある意味、私が佐藤さんにウソをついたことになります。しかし、単なるウソと、時間を掛けて佐藤さんの人生をしっかりと受け止めての「ウソ」とは、その「ウソ」の意味が全く異なるのではないでしょうか。

私は、このことを通じて、入居者の生活を支えるためには「つかなければならないウソ」もあるのだということを教えていただきました。

4日目

芸能人の付き人になりきって

私は、いくつかの老人ホームで施設長を経験しましたが、ある非常に思い出深い入居者を紹介させていただきます。

田中さん（仮名）は、私がまだ幼い頃、よくテレビに出演されていた有名な芸能人の方で、まさか自分がその方のお世話をさせていただくとは、夢にも思いませんでした。

私が、この老人ホームに異動してきた時、すでに田中さんは入居されていたので、途中からお世話をさせていただくことになったのです。

田中さんは認知症を患っており、自分の思い通りにならないと、持っている杖を振り回し、癇癪を起すようなこともありました。

この時、自分の勝手に持つイメージというのは、入居者のお世話をするうえで、すごく邪魔になるものだと、つくづく感じました。

それは、私が田中さんに持つイメージ。そう、幼い頃の私がブラウン管の向こうで明るく微笑み掛ける田中さんのイメージが強過ぎて、上手く向き合えないのです。

そのような時、キーパーソンである田中さんの息子さんとお話をする機会がありました。息子さんには、田中さんが芸能界で活躍されていた当時からのお話を含め、じっくりと伺うことができました。

そこに恐らく田中さんのお世話をさせていただくためのヒントがあるに違いないと。

田中さんの息子さんによると、田中さんは芸能界に入られてからも、下積み時代が非常に長く、大変ご苦労されたとのことでした。そして、その反動か、現役時代も自分の経営する事務所の若手芸人や付き人に相当に厳しい指導をされていたことを息子さんから伺いました。

もちろん田中さんがご病気ということもありますが、もしかしたら私のことを事務所の若手芸人や付き人と思っているかもしれないと感じました。それから、それこそ私は「田中さんの付き人となりきるつもり」でお世話をしてみました。

そのお世話をする中で私は気づいたのです。

田中さんは、ご病気ではあるものの、いつも現実が分からないわけではなく、田中さんの心が、そして身体が、自分の思い通りにならないことに対する苛立ちや怒りを私にぶつけていたことを。

それからは、田中さんの付き人という役割を演じつつ、今一度、素直に向き合うことを心掛けました。

田中さん、果たしてどのように感じられたのでしょうか。残念ながらその後、私は異動となり田中さんの施設を離れました。

少ししてから、田中さんがお亡くなりになったという話を同僚から聞きました。

自分は田中さんのお世話をさせていただく中で、自分が本当に田中さんに向かい合うことができたのだろうかと自問自答しました。

しかし、その答えをいまだに見つけることはできません。

5日目

気持ちを分かち合う

老人ホームでの主人公は入居者であることに間違いありません。では、そもそも老人ホームに入居するのがどのような方々なのだろうと、皆さんは考えたことはありますか。きっと、皆さんは老人ホームの入居者の属性をこのように考えるのではないでしょうか。

「高齢者で病気や身体が不自由なため、ひとりで暮らすことが難しい人」

右記の入居者の属性を分解すると、「高齢者」「病気」「身体が不自由」という側面が挙げられます。

まず、「高齢者」という定義は一体何歳からなのでしょうか。

有料老人ホームの入居者は「概ね65歳以上」、そして後期高齢者というと「原則75歳以上」ということになります。

私が今まで施設長を行ってきた老人ホームでは、65歳から最高年齢は102歳までの入居者の方々を、お世話をさせていただきました。

そうすると、ひとくくりに老人ホームにおける入居者の「高齢者」といっても、実に親子ほどの年齢差のある入居者が一緒に生活していることが分かります。上記の例では何と37歳の年齢差です。

次に、「病気」というと、認知症やら循環器等の疾病を持つ場合もあり、「身体が不自由」というと、骨折し車いすによる生活を送っている場合などが挙げられるでしょう。

このことから分かるのは、老人ホームの入居者といっても、その入居者ひとりひとりの身体的状況をひとくくりにはできず、それこそ「寝たきりの方」から「限りなく自立に近い方」まで、同じ老人ホームで生活を送っているのです。

この中でも、老人ホームで介護サービスを利用する方は、そのサービスを提供する職員との関わりが強めになる傾向にあります。半面、介護サービスをあまり利用しない「比較的お元気な入居者」は、施設側が意識しないと職員との関わりが薄くなってしまう傾向にあるのです。

入居者の清水さん（仮名）は、90代前半の非常に前向きでお元気な女性です。脚がやや不自由なものの、比較的自分の身の回りのことはご自身で行うことができるのです。こうなると施設側から積極的に関わることがどうしても少なくなりがちです。

私が施設長に着任した当初、清水さんがイライラしていることが多く、施設側に対する不満をよく口にされる方だと他の職員から聞いていました。そこでまずは、清水さんと直接お会いしてお話をしようと思い居室に挨拶に伺いました。それからも概ね1週間に1回、清水さんの居室に伺い、いろいろとお話をしました。

それこそ清水さんの小さい頃の話、茶道の師範をされていた時の話など、清水さんの点ててくださったお茶をいただきながら、耳を傾けました。すると清水さんがイライラされている原因が、お話の中でだんだんと分かってきました。

清水さんは以前、広いご自宅の庭で土いじりをし、庭一面のきれいな花に囲まれた生活を送っていましたが、入居後は居室にいることが多くなってしまったこと。そして、様々な身体的状況の入居者と一緒に生活することによって、自分の気持ちの中に、不安感が出てきたとのことでした。

私はまず、ホーム内で職員と相談し、比較的お元気な入居者の方々と数名の職員と一緒に、老人ホームのすぐ側の神社にお散歩に行くようにしてみました。やはり外の風に触れて本当に気持ちよさそうです。

そして、清水さんの胸の内にある「不安感」に対応するために、居室で丁寧にお話をするようにしました。そうすると清水さんが少しずつ、胸の内を明かしてくれました。それは「今、自分は比較的元気だが、寝たきりになってしまうのだろうか」とか、「自分も認知症となってしまうのではないか」という、漠然とした不安感に苛まれていたとのことだったのです。

清水さんのお話を伺いながら、私は老人ホームへの入居にあたって、やはり身体的状況が近い方同士で人間関係を創り出すお手伝いをしていくことが、いかに大切であるかを気づかされました。そして、入居者の気持ちを考えなければならないと思いました。

そのようなやり取りがあってからというもの、清水さんとは、より心の結びつきが強くなったと感じています。
今や、お互いに目線が合うと「手を振り合う仲」です。
私にとって入居者の皆さんは、大切な私のお父さん、お母さんです。
苦しいことがあれば私に声を掛けてください。
その心の苦しさを聴くことによって、私も苦しさを一緒に背負います。

6日目

花嫁に向けられた銃口

老人ホームの入居者の皆さんは、私にとってお客様であり、大切な家族です。

しかも、私より数倍も様々な経験をされてきた人生の先輩ですから、いろいろなことを教えていただきます。

そのような時は、内心「今日も良い話が聞けた、また自分も少し賢くなった」と嬉しくなります。ここでは、自分が歴史の中に引き込まれてしまうような話をご紹介したいと思います。

当時、木村さん（仮名）は100歳を超えてもなお非常に上品なご婦人でした。

木村さんは、大正時代の終わりに牛込区（現、東京都新宿区）で生まれ、小さい頃はスポーツ万能の女の子だったそうです。また、女学校時代も大変お洒落でマドンナ的な存在であり、よく早稲田大学の安部球場にも野球を見に行かれていたので、野球のことは驚くほどよくご存じでした。

木村さんは女学校を卒業後、その職員として働いたそうです。そして20歳前半でお見合いでやさしい男性と結婚をされたそうです。ここまでは、まあまあ普通の話です。麹町区（現、東京都千代田区）の料亭で、木村さんご夫妻のささやかな結婚式を行った翌日は伊豆に新婚旅行に出掛ける段取りとなっていました。

本題はここからです。

この結婚式が執り行われた日というのは、何と1936年（昭和11年）2月25日だったのです。この翌日、帝都・東京を揺るがす大事件が勃発しました。そう「二・二六事件」です。当然、首相官邸のある永田町を中心に麹町区でも戒厳令が敷かれました。

雪が降りしきる朝、木村さんご夫妻は、伊豆への新婚旅行に行くために、用意された車で麹町を出発しました。

当然、このような状況のため、道々には帝国陸軍軍人が物々しい雰囲気で検問を作っています。車内の木村さんは何か重大なことが起こったのかと非常に胸騒ぎを覚えたそうです。

そうする内に、木村さんご夫妻を乗せた車は、九段坂方面から靖国通りを市ヶ谷方面に向かい、市ヶ谷橋の上に差し掛かりました。
その時、検問で車を止められ、次のようなやり取りがあったそうです。

青年将校「どこに行く」

運転手「新婚旅行で伊豆に向かうため駅までお二人をお送りしています」

青年将校「車内を調べさせろ」

運転手「このお二人だけで他に何もありません」

青年将校「いいから、調べさせろ」

そして、おもむろに検問に立つ若い青年将校は、その銃口を車内にいる木村さんご夫妻に向けてきたそうです。

この二・二六事件では多くの政府要人が射殺されたのですが、きっと、この車内にも政府要人が隠れているのではと、青年将校は疑ったのかもしれません。

結果、青年将校が車内を検査、車内から何か出てくることはなく、そのまま市ヶ谷橋を無事通過することができ、木村さんご夫妻は新婚旅行に行くことができたそうです。

偶然ですが、私の自宅はこの市ヶ谷橋の側であり、人の行き交う市ヶ谷橋を歩きながら、この木村さんの話を時折思い出します。

このように様々なことを教えてもらえる、そして平和のありがたみを噛みしめています。

7日目 暮らしを創る中で学ぶ

介護に関わるにあたり、私は頭で考えることと身体を使うこととのバランスが大切なのだろうと考えていました。今回は、その考えが前提となるような経験です。

私は、入居者のお食事の際、極力レストラン内を巡回するようにしています。それは、入居者の皆さんと顔を合わせることができる場所であり、お会いする中で、入居者の顔色や体調の変化に気づくことができる、絶好の機会だと思っているからです。

当時、私が勤務する老人ホームでは、レストランで食事をする際、お元気な入居者の方々のエリアと、主に要介護状態の方々のエリアとに分かれていました。

レストランには、テーブルといすが整然と並び、そこに入居者が座ったり、またある方は車いすであったりと、食事をお召し上がりになります。最初、あまり深く考えることなく、食事時間の都度、レストラン内で入居者の方々と声を交わしながら巡回していました。

ところが、ある時、入居者が食事している姿勢を見ながら、あることに気づきました。なぜ机やいすの高さや形状が同じなのだろうかということに。

確かに、一般的にレストラン内の机やいすは統一感があったほうが見栄えが良いのでしょう。しかし、ここは様々な身体的状況の方々のいる老人ホーム。そう考えると、様々な高さや形状の机やいすがあることが普通なのではないでしょうか。

入居者が食事を召し上がる際、一番大切なのは、適切な姿勢で食事を召し上がること、つまり「座位」が一番重要です。座る時の姿勢がしっかりと確保できないと、誤って飲食物が気管に入る誤嚥《ごえん》を起こしてしまう可能性があります。

例えば入居者の身体的特徴として、男性で身長が180センチメートル程度の方もいらっしゃれば、女性の方で145センチメートル程度の方もいらっしゃいます。恐らく、こちらのレストラン内の机といすは、入居者様の身体的特徴を考慮するというよりも、健常者の身体的特徴が平均的な方々を想定していたのだと思います。そうすると、どのようなことが生じるか。前述の男性であれば、「背中を丸めながら」食事を、そして女性の方であれば、それこそ「のけぞりながら」、もしくは「いすにクッションを置いて、その上に座りながら」食事を召し上がることになり、「適切な座位」を取ることが非常に困難です。

このような点を頭に置きながら、レストランを巡回する際に、入居者様の座位を、より注意深く見るようにしました。やはり、要介護状態の方が食事をするエリアでは、車いすに座ったまま食事を召し上がっている方が多いと気づきました。この場合、車いすの車輪の直径を考慮のうえ、テーブルの高さを考えなければならないこととなります。

次に、お元気な方が食事をするエリアで何ができるでしょうか。生活スタイル、つまり「暮らし方」を考える時、自分ひとりではなく、みんなで考えたほうが良いと思います。そこで、施設の職員だけでなく、入居者の皆さんからも広くアドバイスをもらいました。

その中で、机といすの脚を切り揃えて、それぞれの高さを調整、サンプルとして組み合わせを「3パターン」用意してみました。当然、ご入居者様の皆さんにも実際に座っていただき、アドバイスや改善すべき事項を伺います。

その結果、3パターンの高さで対応できそうだと判明し、他の机やいすの高さを各々のパターンごとに切り揃え、レストラン内に配置しました。

この取り組みはレストランを利用するご入居者様には好評でした。このことから私が学んだのは、この老人ホームで暮らす入居者の皆さんと一緒に暮らし方を考え、暮らしを作り上げていくということです。

昨今、老人ホームの運営や介護の方法において、効率性を重要視する傾向にあるのも事実です。確かに限られた社会保障費の中で、老人ホーム運営や介護保険制度を持続可能に運用していくには、効率性が求められることは当然です。

しかし、このように老人ホームの入居者と一緒に暮らし方を考え、創り上げていく方法を取る場合、効率性という話だけでは収まらないと思います。

このように入居者と暮らし方について、対話を重ねて意思形成するのにも時間が掛かるでしょう。

暮らし方というのは、人間が尊厳を持って生きていくうえで一番大切なものです。老人ホーム運営において効率性も大切ですが、入居者が人間として、自分の暮らし方を大事にするという視点は、より大切なのではないでしょうか。

8日目 食事は最大の楽しみ

食事は、老人ホームの入居者にとって一番の楽しみであると言っても過言ではないでしょう。

食事には、「食べる側面」と「楽しむ側面」の両面があると思います。

まずは食事を「食べる側面」から考えてみます。老人ホームを運営する者として、「食べる側面」に重きを置き過ぎる、つまり「食事をお召し上がりいただく」というよりも「食べ物を提供する」という考えが強くなると老人ホーム側の論理が中心となり、入居者にとって何よりも楽しみである食事が、単なる「食べ物」となってしまいます。老人ホームは入居者に対して、安全に食事提供すれば良いとなってしまうでしょう。

次に食事を「楽しむ側面」から考えてみましょう。この視点は、入居者に食事を楽しんでいただく側面を盛り込むために運営の質を高めることが必要になります。

では、具体的にどのような点に注意していけば良いのでしょうか。

それは、第一に施設側がしっかりと毎食、入居者が召し上がる食事を試食すること。そして第二に入居者の皆さんからの食事に対する感想や意見を集約し、必要に応じてこれを反映することです。

ひとつ目の食事の試食についてですが、私の運営する老人ホームでは、入居者に食事提供する準備段階で、厨房にて試食を行い、料理の味付けを事前に確認します。試食段階で確認するポイントは、「①味付け、②色合い、③盛付け」です。この①〜③について、私が違和感を覚えた場合、「その場で」料理人と向き合いながら、その料理を一緒に試食してみます。

ここで大切なのは、料理人と向き合って、一緒に試食すること。気づいたのであれば、その場で伝えることが一番大切なのです。あとからとなると、料理人に伝える内容があやふやになる。そうすると相手に伝わらず、結果、改善されないことになってしまいます。

二つ目の入居者の皆さんからの食事に対する感想や意見を反映させる点については、

具体的なストーリーでご紹介したいと思います。

食事は、一口に「美味しい」といっても、入居者の皆さまの方々の嗜好は千差万別、生まれてから様々な環境で育ち、味付けの好みも異なるものです。

ある日、私がいつものようにレストランをラウンドしていると、入居者の山本さん（仮名）から呼ばれました。山本さんのお話の内容は、「今日のお味噌汁の味付けが濃い」というご意見でした。そこで私はすぐに厨房に向かい、提供したお味噌汁を口にしました。その時は「まあ味付けが少し濃いのかな」と思い、厨房側に「味付けを少し薄くするように」お願いしました。そして数日後、ご意見をいただいた山本さんと話をした際、「味付けが丁度良い」というお話をいただきました。

そのようなことがあって数日後、今度は入居者の中村さん（仮名）から、「最近、お味噌汁が水っぽくなった」というご意見をいただいたのです。

そこで私は、山本さんと中村さんの情報を調べてみると、山本さんの出身地は京都府のご出身、中村さんは千葉県のご出身だったのです。

つまり、山本さんは、「おだし中心の薄めの味」のお味噌汁で育った環境、中村さんは、「濃い味」のお味噌汁で育った環境が理由だったのです。

老人ホームの生活は、当然集団での生活となります。そこに自分の生まれ育った環境での味や好みを全て食事に反映させることは困難です。そのため私は、入居者の方々と食事について繰り返し対話をする場として、定期的に食事の会議を持つようにしました。

老人ホームの入居者にとって食事は最大の関心事。そして、美味しい食事を食べたいと思うのは誰しも当然な話です。

すぐに問題は解決しない。

しかし、対話をしなければ問題解決することはない。

解決に向けて一歩でも前に進むためには、愚直に対話することです。

9日目

入居者を守り抜く

2011年（平成23年）3月11日午後2時46分に東日本大震災が発生しました。当時、老人ホームの施設長だった私にも非常に大きな出来事として、深く心に刻み込まれています。

この時、私は東京都港区内のオフィスビルにて会議を行っている真っ最中でした。会議室はビルの5階であり、横揺れがすごく、いすに座ったまま、全く立ち上がることができない状態でした。

揺れが少し収まり、近くの東京タワーを見上げるとタワーの先端が大きく曲がっているではありませんか。この状況を見て、この地震がただの地震ではないことを悟りました。

急いで担当していた老人ホームに向かおうにも、交通機関が完全にストップしている状況。やむを得ず、自宅まで歩くことにしました。

人をかき分けるようにして、何とか約1時間半を掛けて自宅にたどり着きました。

幸いなことに自宅は何ら支障がないのを確認、運よくタクシーを掴まえられた私は、その施設長を担う老人ホームまで、タクシーを走らせたのです。

途中、道路はひどい液状化現象を起こしてデコボコ。それでも、何とかその当日の夕方には、老人ホームに到着できました。

私はすぐに内部に入り、職員に入居者の皆さんの状況を確認するよう指示し、とりあえず入居者の命に影響がなかったことが分かり、ほっと胸をなでおろしました。

その後、すぐに老人ホームの施設長として入居者の皆さんにお声掛けをし、何をしなければならないのかを、「ひとつひとつメモに書き出して」みました。

当時、私の担当していた老人ホームは、１００名を超える非常に大きい施設だったので、その点を考慮しながらも、「水の確保」、「食事の確保」、「電気・ガスの確保」、「消耗品の確保」等々、必死に考えました。

ここで私が重要視したのは、「入居者の命を守る」こと。

それには「水の確保」が一番大切であると判断した私は、老人ホーム内について水道の水が出るかどうかを、全館職員で手分けし確認させたところ、幸いなことにこの時点ではまだ断水となっていないことが分かりました。

とにかく猶予はない。職員総出で、各階のあらゆる浴槽やバケツ等に水を確保することを指示しました。

次に、「食事の確保」。その老人ホームでは、レストランで毎食調理する食事提供形式を採用していましたが、「ガス漏れ」というリスクがあったので調理を停止。レストラン委託業者に連絡して、調理に火を使わない食べ物、例えばパン等に食事内容を変更しました。

地震発生当日は、電気は止まっていましたが、施設内は非常用電源がありました。これは幸い、当時入居者で在宅酸素療法の方はいませんでした。

この時の非常用電源は、重油を動力源としており、一部のハロゲンライト、エレベーター、一部のコンセントが何とか使える状況でした。エレベーターは、車いすや寝たきりで生活されている方々に優先的に利用いただくことにして、少しでも動力源である重油の消費を抑えることに努めました。

また、地震当日は3月の中旬、非常に寒い夕方を迎えましたが館内の暖房を使用できないため、職員に入居者の各部屋の状況を確認させ、毛布等を利用していただくように手配しました。

余震も続いており、入居者の精神的負担を軽減して職員の見守りを強化するために、可能な限り入居者の方々に共用部分に集まっていただきました。

とにかく、みんなで入居者に対して、笑顔で、「こまめに声を掛けること」を徹底しようと、私は職員に話しました。

老人ホームの職員も、このような状況の中で必死です。自分の家族のことも心配でしょう。しかし、このような非常災害時であっても職員が悲壮感を持って対応していると、入居者の皆さんの不安感は、より高まってしまいます。しかし施設の職員は、非常に献身的に、かつ笑顔で、それぞれの役割をしっかりと果たしてくれたのです。

こうして地震の当日、老人ホームの施設運営において、入居者の命を守り、事業継続性において、できる限りのことを手当することができました。

しかし、私は非常災害時で「何とかしなければ」という焦りと共に、心の中には言い知れぬ不安感に苛まれていたのです。

「この状況、いつまで頑張れば良いのか」

テレビ報道から、刻々と入る未曽有の災害状況に圧倒されながらインフラが寸断された大規模老人ホームの責任を背負う自分は、「どのくらい、どのように持ちこたえれば良いのか」という思いでいっぱいでした。事実、老人ホームの周辺でも液状化現象が発生し、テレビでは津波が来襲する恐れがあるという情報が出ていたので、この施設は海沿いにあったため、暗くなってから土嚢積みも行いました。

とにかく、当時の私の記憶の糸をたどると、「その日一日、一日を」と心に決めており、他の地域からの救援援助物資が届き始めたのは、震災発生日の3日後くらいからだったと記憶しています。

10日目 手を握り心が通じ合う

大震災当日から、ひとりの入居者の方のお話を取り上げたいと思います。

当時、私の老人ホームでは、高橋さん（仮名）という上品な女性の方が入居されていました。この高橋さんは、東京の青山育ちの生粋のお嬢様。

高橋さんは、自宅で転倒された際に大腿骨を骨折、病院で手術したばかりでした。当時、高橋さんは、仕事をされている娘さんと二人暮らしでした。手術後、退院してすぐにご自宅での生活は難しいとのことから、私が施設長を担う老人ホームに入居いただきました。それは東日本大震災が起こる2カ月前のことでした。

私は、震災の当日に老人ホームに到着し、入居者の皆さんの居室を回りながら、お声掛けをしました。

高橋さんの居室を訪れると、車いすの高橋さんは、私の顔を見るなりボロボロと涙を流されました。私は、高橋さんの震える手を、そっと握りました。

これが自宅でひとりぼっちだったのならばどうなったのでしょう。

老人ホームであれば、職員も、そして入居者の仲間の方々も一緒です。しかしながら、地震発生直後、電話も通じにくくなっており、ご家族に施設内の状況や入居者の皆さんの状況をお伝えすることができませんでした。未曽有の災害、入居者のご家族の皆さんが心配されているのは当然のことです。私は、入居者の皆さんの対応の割り振りを行いつつ、手分けして入居者の家族の皆さんには電話を掛け続けました。施設内の状況や入居者がお変わりないことについて、必要な状況をお伝えしました。

当然、高橋さんの娘さんにも電話を入れました。施設でのお母様の状況を私がお伝えするとほっとされ、「もし、これが自宅で母がひとりだったらと思うとぞっとします」とお話になりました。

高橋さんが、老人ホームに入居されたのも骨折が原因で手術して、ご自宅での生活が難しいという理由からでしたが、この時点で高橋さんが老人ホームに入居していたことは、何かのご縁ではなかったかと思います。

実は、この高橋さん。

その後、お身体の状態も落ち着き、その年の5月下旬には自宅に戻られました。私が自宅まで高橋さんをお送りし、玄関での別れ際に、大震災が発生した当日のような「震える手」ではなく、「笑顔で私の手を力強く握って」くれました。

そして、約1年後のある日、高橋さんの娘さんから連絡がありました。実は、高橋さんが亡くなられたとのことでした。私はお通夜に参列して、高橋さんをお見送りさせていただきました。

実際に、高橋さんと私の関わりは、決して多くはなかったかもしれません。しかし、その僅かな時間の中で高橋さんを大震災から守ることができたこと、そして自宅に戻られ、娘さんと二人で過ごす時間のお手伝いができたことは、本当に良かったと思います。

11日目 人の縁が助けてくれる

伊藤さん（仮名）も私にとって非常に思い出深い入居者様のひとりです。

この伊藤さんは現役時代、大学の先生でした。

さて、伊藤さんが非常に発言力の強い入居者であることは、他の職員から聞いていました。私がこの老人ホームに配属されるにあたり、まずは伊藤さんにご挨拶をしなければと思いました。

しかしながら、当時私はいくつも仕事を兼務していたことから、伊藤さんに実際にご面会が叶い、ご挨拶したのは異動の辞令が出てから約2週間経過してからでした。結果、伊藤さんと面会するなり、「施設長として挨拶が遅い」と、激しいお叱りを受けました。私は、伊藤さんのご指摘はごもっともと思いましたので、「本日のところは、遅ればせながら、ご挨拶と共に、またご面会の機会をいただきたい」とお願いをし、辞去しました。

私は、このような時には、必ず会って話をするようにしています。

どんなに相手が怒っていようとも、必ず会って、相手の目を見て、しっかりと話をする。

このようなコミュニケーションの取り方は勇気が必要です。しかし、この会って話をする最大の長所は、相手に自分の考えがしっかりと伝わるということです。また、相手へのコミュニケーションでは、「言葉」だけではなく、「表情」「声音」「目線」「ボディーランゲージ」を、それこそ総動員して相手に伝えることができるのです。だからこそ、落ち着いて話せば相手への伝え間違いが起こる確率が低いのです。老人ホームの施設長は、施設の責任者として、しっかりとした対応をすることが大切です。

抽象的な話が続きましたが、私と会うなり怒りをぶつけてきた伊藤さんは非常に発言力の強いといっても、何も無茶苦茶を言っているわけではなく、非常にスジの通った発言をされるということがよく理解できました。

後日、改めて伊藤さんにご面会し、お話させていただいた時には、私が正面から堂々と相手と話をする気質ということを分かっていただいたせいか、終始、ニコニコされていました。

では、なぜ伊藤さんは、私に怒りをぶつけてこられたのでしょうか。確かに「挨拶が遅い」ということもあったかもしれません。しかし本質はそこではなく、この施設の今度の施設の責任者が誰なのかということから来る不安を、私に怒りとしてぶつけてきたのではないかと思いました。

さて、伊藤さんと改めて面会が叶い、会話できるようになったところで、私は伊藤さんとの人間関係に「決定的な楔」を打ち込みたいと考えました。

伊藤さんと生い立ちから現在までに至るまで、いろいろなお話をしました。その中で伊藤さんはA大学のご出身であると聞き、思わず閃きました。実は私の学生時代の恩師もA大学の出身であったのです。そこで恩師に、ゼミナールで非常に厳しく鍛えられたことなどを伊藤さんにお話しました。

すると伊藤さん、おもむろに部屋に戻って、なんとA大学時代の名簿を持ってこられたではないですか。伊藤さんは私の恩師とご自分との生まれた年を確認、同じ年に生まれたことが分かったことから、同時期にA大学に通っていたのではと目星を付けたのです。

私は名簿を開き、氏名を丁寧に追っていくと、まずその名簿に伊藤さんの名前を見つけました。次に伊藤さんのそのすぐ下に目を向けると、何と「私の恩師の名前」が記載されているではありませんか。

これには、さすがの伊藤さんも絶句。

それからは、何かにつけ私のことを「A大学の同期の教え子だから」とよくしていただきました。

まさに「楔」。

自分の恩師に感謝。

人の縁が自分を助けてくれる。

12日目　「真の家族」になる

ここでご紹介するお話も自分が施設長を行っている中で、非常に思い出深い出来事でした。

当施設の入居者の加藤さん（仮名）は、大阪市内のお生まれで、美味しいお食事を食べることが大好きな女性でした。ある時、この加藤さんの体調が不調となり、病院での検査結果は末期ガンでした。加藤さんにはお嬢様がいらっしゃいましたが、日頃より施設にもこまめに顔を出され、施設運営にも非常に協力的なご家族様でした。

この加藤さんのお嬢様は、そもそも施設でのお看取りを希望されており、施設側としても、その希望に沿うよう、家族とお看取りを行えるように体制を整えました。

そのような時、加藤さんのお嬢様から、ある提案を受けました。その内容は「加藤さんが生活してきた、この施設でお別れの会を開きたい。でき得れば、自分の母と仲良くしていただいた他の入居者の皆さんにお見送りいただきたい」ということでした。

私は、この要望を伺い次のように考えました。幸いなことに、この施設には共用部分が多く、ホールも設置されているので、そこでお別れの会を開催することはできそうであるなと。反面、この老人ホームにおいて、このようなお別れの会を開催することについて、他の入居者はどのようなお考えを持つのであろうかと正直考えました。

なぜ、そのように自分が考えたのかといえば、老人ホームに入居される方々は、基本的にこの施設でお看取りまでお暮らしになる方が多くいらっしゃいます。そうすると、その加藤さん以外の他の入居者の前でお別れの会を執り行うことは、「死」を強く感じさせるものであり、お別れの会を開催すること自体に反対する意見が出るのではと考えたのです。

そして施設長の私としては、まずは、どのような意見が出るのかは分からないが、「高齢者施設に入居するということは、入居者の皆さんはある種、ひとつ屋根の元で家族になることではないか」と考えました。そして、その家族が亡くなったのであれば、「ここで堂々とお別れの会を開催する」ことは、今後の施設運営において職員にとっても、入居者にとっても非常に大切な経験となるのではないかと考えました。

このような自分自身の考えから、ご家族からの願いを受け止め、当然加藤さんのお看取りをしっかりと行った後、お別れの会を施設内で実施するために最善を尽くそうと決心しました。

そして、この相談があった数日後、加藤さんは当施設において、スタッフやご家族に見守られながら、安らかな表情で天に召されていきました。

さあ、今回は、ここからがある種、施設長としての初めての試みですが、自分としては、施設内でのお別れの会の準備に全力で取り掛かりました。

この中で、施設長の私に対して、加藤さんのお嬢様から「亡くなった私の母のために弔辞を読んで欲しい」と要望をいただきました。これについては、私はこの老人ホームの施設長として、そしてこの施設の家族として、喜んでご要望にお応えしようと考えました。

それから時間の合間、合間を縫って、在りし日の加藤さんのことを思い出しながら弔辞を書き上げました。私なりにしっかりとしたものを書き上げることができました。事前に加藤さんのお嬢様にも弔辞の内容をご確認いただき、ご満足をいただけました。あとは、実際にお送りする会の会場の準備をしていく段階となりました。

ところが、ここで思わぬ反応が出てくるのです。

この施設の入居者で、私も日頃から特に懇意にさせていただいていた佐々木さん（仮名）から、お話があるとのこと、お部屋に呼び出しを受けたのです。

佐々木さんは、「この施設内で加藤さんをお送りする会をするのは反対だ」という内容のお話でした。この佐々木さんは、生前の加藤さんとも人間関係は比較的良好でした。つまり加藤さんとの関係で嫌だというわけではないのです。お話の内容は多岐にわたりましたが、要は、これからも同じ施設内で生活をしていく佐々木さんは身近に生活をしていた加藤さんがお亡くなりになったという事実に、ご不安の気持ちが大きくなったのでしょう。

私は佐々木さんに自分の素直な気持ちを伝えました。

「この施設で、入居者の皆さんは私にとって自分の家族、自分のお父さん、お母さんなのです。だから、しっかりとお見送りをさせていただけないか」とお願いしました。

私なりにしっかりと説明をしましたが、佐々木さんは加藤さんのお別れの会には参加しませんというお答えをいただきました。

繰り返し申し上げますが、高齢者施設は病院のように「治療の場」ではなく、「生活の場」なのです。

病院でお亡くなりになると霊安室に運ばれ、裏口からご遺体が運び出されることが多いと思います。しかし、生活の場で亡くなったのであれば、老人ホームでは「家族のみんなで」お見送りしたい、ご遺体も裏口から「コソコソと」運び出すのではなく、正面玄関から「本当に頑張って生き抜いたね」と堂々とお見送りしたいのです。

それぞれの気持ちや価値観がある中で、加藤さんのお別れの会が開かれる当日が来ました。事前に私の勤務する施設の従業員のみんな、葬儀屋さんに協力をいただいて、しっかりと準備をしてきました。老人ホームに一緒に住んでいた入居者の数多くの皆さんも祭壇にお花を供えてくださりました。

私も自分の書き上げた弔辞を、自分なりにしっかりと読み上げ、お別れの会の終盤に差し掛かった頃、会場の入口の方に目をやると、そこには黒い喪服を着た佐々木さんが会場に入ってこられました。佐々木さんは静かに祭壇に進み、他の入居者と同じようにお花を供えてくださいました。

お別れの会は無事終了、加藤さんのご遺体は、施設の正面玄関より霊柩車に運び込まれ、クラクションが高らかに鳴り響く中、斎場に向かわれて行きました。

このお別れの会を無事終えることができた安堵感と共に、この時、私は胸の内に非常に温かい気持ちを感じていたのです。

この施設では、「入居者のみんなが家族だと思っていてくれたんだ」と。

13日目 時の移り変わりを感じる

自分の家に住み続けることは一番気が楽。

でも、老人ホームに入居するということには、「やむを得ない理由」が必ずあるはずです。

入居者の方にとって自宅のほうが楽なのに、わざわざ安くはない費用を払って老人ホームに入居するのです。

もしも、入居者の方が「自宅に帰りたい」と言った場合、帰れるのでしょうか。残念ながら、難しい場合が多いはずです。医療依存度が高い、介護が必要、認知症を患っている等々、入居者の方に応じてそれぞれの理由があるはずです。

老人ホームでの生活環境には二つの面があります。ひとつ目は、高齢者にとって過ごしやすいように老人ホーム内が室温管理されていること。そして二つ目は、感染対策をはじめ、高齢者の安全性を重視する観点から施設が閉鎖的になりがちな点が挙げられます。

このような特性から、入居者は「時間的な感覚」と「季節的な感覚」という、生活の中での時の移り変わりという感覚が、どうしても鈍りがちです。

人間が、ただそこで生きるのではなく、人間としてそこで生活するためには、時間的感覚や季節的な感覚は非常に重要なのです。

時間的感覚について、私の運営する老人ホームでは、朝はしっかりと起床介助をお手伝いして、食事もレストランへ、そして昼間はクラブ活動や、デイサービスに出ていただくようにしていました。

人間、お日様にあたるのが大切です。

居室に籠り、寝てばかりだと、どうしても生活のリズムが崩れ、夜に目が覚めてしまいます。昼間は起きて活動することが一番大切です。

認知症の入居者の方々も、昼間には居室に籠りきりにしません。施設内を自由に歩いていただき身体を動かす。

そして、時間を見つけては、私とその方が生まれた頃の昔話をします。

老人ホームは、閉鎖された空間となりがちであることから「臭い」には注意するものの、実は「匂い」の意識はあまり重要視されていないように感じます。

臭いとは、老人ホームにおいて生じる尿をはじめとする排せつ物から発生するものを指します。

私が意識する匂いとは、生活感の「匂い」です。

生活の中にある匂いは、暮らしと切っても切り離せるものではありません。

例えば、朝の食卓を準備する時の、「お味噌汁の匂い」であったり、午後のお茶の時間で、クッキーを一緒に作り、その「クッキーを焼く匂い」であったりと。

夏の夕方ともなると、私の施設では、蚊帳を吊って、その中に「蚊取り線香」を置いたりします。

入居者がつぶやく。「懐かしい」と。

それこそ入居者の皆さんが小さい頃、自分のお母さんが蚊帳を吊ってくれて、その中でお昼寝をしたことでしょう。そうすると、どこからともなく蚊取り線香の香りと煙が漂ってくる。

一日の生活の中で、生活のリズムを大切にするためには、人間が本来持つべき感覚を大切にすること。それこそが生活を楽しむための基盤に他ならないでしょう。

季節感についても、私たちの住む日本には、春夏秋冬という素晴らしい四季、そしてそれぞれの季節に合った催しがあります。

しかし、老人ホームという温度管理された中で暮らすと、季節の感覚が鈍ってしまうものです。

そのため、私の施設では入居者の方々に、この季節感をしっかりと感じていただくため、季節に応じた設《しつら》えを意識しています。

この設えとは施設内における季節に応じた飾りつけのことです。

私が老人ホームにおいて、行ってきた設えは以下の通りです。

【設えの参考例】

1月　お正月、門松、お屠蘇
3月　ひな祭り、サクラ、
4月　入学式、ランドセル
5月　五月人形、端午の節句、アヤメ
6月　傘、アジサイ
7月　海、かき氷、風鈴、スイカ
9月　お月見、ススキ

10月　柿、栗、ハローウィン
12月　クリスマス

設えを通じ施設内で季節の移り変わりを感じること。特に植物や花は、人間のように時計を持ち合わせるわけでもない。しかし、必ずその季節に花を咲かせ、実をつけます。植物や花は、人間よりも季節感を把握する能力が優れていると私は思う。だからこそ、入居者が施設内での季節感を掴むのに力を貸してもらうのです。

老人ホームに桜の木を買ってきて、入居者の皆さんと桜の花を一緒に愛でて、香りを楽しんだりする。そして一緒に歌を歌うのです。

皆さんで一緒に、それこそ全身の感覚「見て・聞いて・歌って・嗅いで」を使って、季節を感じてみる。入居者の皆さんの顔が華やぎます。

日本に生まれ、育ってきた。
美しき花を愛で、そして季節の移り変わりを感じ、生きてきた。
季節を感じるということ、それは今、自分が確かに生きていることなのです。

14日目 できることをやってみよう

私が、事務室で仕事をしているとよく、入居者の松本さん（仮名）が「スーッ」と入ってこられます。そして私の目の前に座られる。この松本さんは、約3カ月前に当施設に入居された方で認知症を患われています。

松本さんは、四国のご出身で年齢は80歳代後半で、この施設に入居されるまで、娘さんとお二人で自宅に暮らしていました。在宅介護を受けていらっしゃいましたが、徐々に認知症の症状が進行し、その生活を続けることは困難になったということでした。

私は、どの入居者の方であろうとも、まずは入居されると必ずご本人としっかりとお話をするようにしています。それは自立の方であろうと認知症の方であろうと問いません。

施設長として「入居者としっかりと向き合い、お話をすること」。アセスメント（情報収集・分析から、入居者の課題を把握すること）の結果を踏まえ、現在の入居者の身体的状況を確認するうえでも、これは私にとって非常に重要な確認事項です。

当初、この松本さんは私との最初の面談後、新しい居住環境に慣れないのか、夜間に徘徊して他の入居者のお部屋に入り込むなどの行動を繰り返していました。それから私は、松本さんのことをもっとよく知ろうと、1週間に2回程度、1回30分程度、事務所に松本さんをお招きして、お話をするようにしました。

雰囲気が硬くならないように、気遣いながらお名前を伺うと、自分のお名前と共に、「年齢が44歳で独身」とご自分を紹介してくださいました。相手への一方的な質問にならないよう、アセスメントシートを参考にしながら、様々なお話をしてみました。

松本さんは、小学校や女学校時代のことはよく覚えていらっしゃるようで、お父さんは学校の先生であり、厳しかったこと。また、小さい頃の遊びの話や、戦時中に蔵の中でお兄さんが俵に駆け上がってお父さんに怒られたこと等の話をされていました。

そして、松本さんと何回か話をしている内に、「私のこと」も、自分の実家の近くにあった「酒屋の御用聞きの方」だと言っていました。

お話の内容はさておき、幼い頃から少女時代の記憶はしっかりと残っているようです。

この残存した記憶についての傾聴を丁寧に行いました。もちろん、「記憶を呼び起こす」ことは非常に疲れることなので、松本さんの様子を見ながら無理をさせないように配慮しました。

お薬の調整も効果が出てきたこともあってか、松本さんに多少の変化が現れました。それは夜間徘徊が減り、自室で睡眠を取られるようになったこと。そして私とお話した内容を「少し」覚えていることができるようになったのです。

確かに、認知症を患うと、自分でできなくなることも増えるでしょう。しかし、できなくなることを嘆くより、「できることを自分らしく表現する」のは素晴らしいことではありませんか。

まだ、松本さんとのお話は始まったばかりです。これからも松本さんの「記憶の引き出し」を少しでも引き出して、松本さんに、会話する喜びを少しでも味わってもらいたいものです。

15日目

脱皮してより良い運営にする

私が施設長をつとめる老人ホームの一日は、朝礼に始まり、入居者の皆さんが夕食を召し上がる際の声掛けと巡回で概ね終わるという感じです。そして心の内は、今日も大きな事故がなく、一日を終えることができたと一息、安堵します。

「無事に何事もなく一日が終わった」

これは、老人ホームや介護事業所の運営を行う多くの事業者の皆さんの正直な感想ではないでしょうか。

ここであえて意地悪な言い方をすると、次のようにも言い換えられるかもしれません。

「やってもやらなくても時間さえ経過すれば結果は変わらない」

この極端な両面を持ち合わせる仕事こそ、老人ホームをはじめとする運営事業の特徴ではないかと思います。

確かに施設内で、事故や問題を発生させないことは非常に大切であることに違いありません。しかし、「問題がなければ何もしない」というスタンスを取り続けるのはいかがなものでしょうか。

運営事業はサービス業の側面も持ち合わせます。老人ホームだけでなくあらゆるサービス業では、接客や挨拶が大切であり、朝礼から始まるあらゆる場面で、サービスの質を磨き上げるように意識しています。

つまり、サービスの質は常に改善する気持ちを持って、何とか現状維持ができるものなのです。もしも現状維持で良しとすると、結果は「質が低下」していくのです。

だからこそ、以下のように考えているのです。

「入居者やご家族からご要望や苦情がもっともっとたくさん出るといいな」

「えっ」と思われるでしょうか。

老人ホームの施設長の方は、「苦情やご要望がないことは良いこと」と大きな勘違いをしていませんか。

私も、いろいろな老人ホームを指導しています。そうすると入居者やご家族からの「苦情やご要望が全くない施設」があります。私が「なぜ苦情やご要望がないのか」と問うと「とにかくそれがない」との回答なのです。

確かに苦情やご要望を入居者やご家族が伝える際、感情的になられることもあり、正直「嫌だな」という気持ちが分からなくもありません。感情的、つまり怒りを発するのは、恐らく新しい生活に慣れていないことなどに対する不安から生じるのでしょう。

そこで「苦情やご要望がない施設」では、このようなこと、起こっていませんか。

・苦情やご要望を受けるのが面倒だ、聴く気持ちがない。

・苦情やご要望に対する気づきがない。
・入居者や家族も苦情やご要望を言っても無駄だと諦めている。

老人ホームは「生活の場」なのです。

お客様の正当な苦情やご要望を「汲み取れない」ということは、サービス業として、プロとしていかがなものでしょうか。

私は、入居者やご家族からの苦情やご要望を伺い、それこそ数多くの宿題をいただいて「しめた、もうけた」といつも思っています。

なぜかというと、入居者施設運営において自分が気づいていない点を、苦情やご要望という形で「教えてくれる」ありがたいことだからです。

もちろん、これらの苦情やご要望をすぐに解決できるわけではありません。しかし、この苦情やご要望を施設運営向上のためのヒントとして、「ひとつひとつ」真剣に考え、しっかりと向き合うことによって、施設運営の質を必ず向上させられるはずです。

海老は成長するために苦しくとも脱皮し続ける。
私の運営する施設も、より良い施設にするために苦しくとも脱皮し続けます。

16日目

運営の中身を見ていますか

介護保険制度が始まって早、20年以上が経過しました。一言で老人ホームといっても様々な類型がありますね。そしてその老人ホームの建物の構造も軽量鉄骨造から鉄筋コンクリート造に至るまで、様々な構造があります。

もちろん自分にお金がいくらでもあるのであれば、それこそ「新しくて、きれいで、豪華な施設」を選びますかね。

さて、この本を手に取られた皆さんも、一生懸命に情報収集し、気になった施設見学をした中で、ご予算に合った施設を選択される方が多いのではないでしょうか。

さて、ここで視点を切り替え、「事業者側」から見てみましょう。

前述の通り、老人ホームには様々な類型、建物の構造があります。極端ではありますが「カネさえあれば、どんな豪華な施設を建てることができる」のです。

そもそも、この本をお読みの皆さんは何のために老人ホームを探しているのでしょうか。

自宅ではひとりで生活することが不安、もしくは生活することが難しいからこそ老人ホームを探しているのではないでしょうか。

そうであれば、建物の構造や豪華さより「介護の安心、運営の質」が優先されるのが本質ではないでしょうか。

「病院から早く退院して欲しい」「ひとりで生活するのは難しい」等々の理由から、老人ホームをご家族が一生懸命探していると、施設選びについて、ついつい物事の本質から外れてしまうことが多いものです。

しかし前述の通り、老人ホーム選びにあたり重要視すべき視点は「介護の安心、運営の質」なのです。

では、この「介護の安心、運営の質」とは一体何でしょうか。

施設見学に訪れてみて、施設の入口に入っての施設の雰囲気やスタッフの応対をどのように感じられましたか。いわゆる「ファースト・インプレッション」というのは非常に重要なのです。その時の対応にあなたはどのような印象を持ちましたか。簡単にこのようなことを言っていますが、大切な視点であると私は思っています。

では、なぜそのような視点が大切になるのでしょうか。

・親が自立して生活することが困難となり老人ホームを探している。
・親が病気で入院し、退院後の受け入れ可能な老人ホームを探している。

このような状況は「誰しも突然訪れる」ことが非常に多いのです。つまり、「その時点での身体的状況を想定し、その状況や自分の希望に沿った老人ホームを予め想定しておく」ことは、実質不可能であるということなのです。

中には、ご自身がお元気な内に将来の参考として老人ホームを見学する方もいらっしゃいますが、これも見学の意味が薄くなる可能性があります。

これは、見学時点で差し迫った状況になく、お元気な状況での老人ホームへの視点と、実際にその状況に置かれた場合とは違うということです。つまり、医療依存度や身体的状況により、想定していた老人ホームでの生活をその通り送ることは難しくなるでしょう。

一般的に、老人ホームを探す時には、追い詰められたような状況、かつ限られた時間の中で、自分の親の身体的状況にマッチした老人ホームを探し出さなければなりません。

ましてや介護サービスや老人ホームの利用を判断するにあたっての有用かつ分かりや

すい情報が十分であるともいえないのです。

これは、介護保険制度の歴史が比較的浅く、また老人ホームについても様々な類型があり、何を基準に優劣や判断をすれば良いのかが、非常に分かりにくいことも要因でしょう。

確かに介護サービスの利用であれば行政やケアマネージャー、老人ホームの選択であれば紹介会社等もあるでしょう。しかし、想定入居者の希望や状況を全て把握し、かつこれに合致した老人ホームの情報を数多く持ち合わせ、的確にマッチングすることは難しいのです。

この「介護の安心、運営の質」、つまり「中身」が大切であることは、ある意味当然のことであるとも思えます。しかし、自分の親の身体的状況を勘案し、老人ホームを真剣に探そうとすればするほど、「限られた時間内で、大量の情報から有用な情報を選別し判断していくこと」は、まさに砂の粒の中からダイヤモンドの粒を探し出すくらい困難なのです。

そういった意味では、私は施設の入口に入っての施設の雰囲気やスタッフの応対が自分の感覚に合っているかどうかという感覚の部分を大切にしたほうが、かえって良いのではと考えるのです。

17日目

寄り添い分かりあう

しばらく別の業務にあたっていた私は、久しぶりに老人ホームの施設長になりました。心の底から湧き立つ思いに、私は入居者やそのご家族と話をするのが本当に好きなのだと、実感するのでした。

最近は、現場を知らず介護事業のコンサルタントをする方がいるようですが、そのようなことは私にはできません。理由は簡単。

現場に立たなければ、本質は分からないし、単に現場に対して「ああしろ、こうしろ」と言うことは、誰にでもできるからです。

老人ホームや居宅サービスの事業所において、介護の現場として入浴介助や排せつなどの業務にあたるのは、本当に大変です。

そこで、私は介護スタッフにこんなことをよく聞いてみます。

「ここで、忙しい業務は二種類あります。ひとつは日々の介護サービス等の通常業務、もうひとつはクレーム等の対応業務ですが、どちらがやりたいですか？」

ほぼ全員のスタッフが「通常業務で忙しい方が良い」と答えます。

そうなのです。通常業務や介護保険業務もすごく大変なのですが、それにも増して「クレーム対応の業務」はやりたくないようですね。

実は、このクレーム対応の業務を行うのが施設長の大切な仕事のひとつです。

施設を見学される際、「クレームがあった場合の対応は誰が行うのか」と聞いてみられると、その施設の本質を垣間見れるかもしれません。

私が久しぶりに、施設長になってすぐ、クレーム対応で非常に良い経験をしたのでここで紹介したいと思います。

吉田さん（仮名）は、私が施設長に就任する少し前に入居されました。この吉田さんには非常にお母さん思いの息子さんがいらっしゃいます。

実は、私が施設長に就任するまでも、介護のあり方や対応で、吉田さんや息子さんはかなりの不信感をお持ちのようでした。もともとの原因は施設側の様々なミスから派生したものであり、対応はいろいろと試みたものの当時の施設長ではいよいよ難しくなったため、私が施設長に就任したという経緯がありました。

さて、私がすぐに取り掛かったのは、吉田さんの息子さんと前の施設長との間で何が大きな問題であり、不信感を招いている原因なのかを周囲の職員にヒアリングすることでした。すると以下のようなことが分かってきました。

・業務上のミスを起こしても入居者に素直に謝罪できていない。
・施設長は入居者と対話をしない。

施設長がこのように苦情に素直に向き合わない状況であると、当事者である吉田さんの息子さんとしては、その矛先は周囲の介護職員に向かってしまう。こうなると当然、周囲の介護職員との人間関係もドンドン悪くなっていきます。

私は、まずは吉田さんの息子さんとの面談を行い、初めに職員へのヒアリングを行ったことや、当方の施設長がしっかりと吉田さんに向き合い、対話していなかったことをお詫びしました。当初吉田さんの息子さんは非常に険しい表情で、当施設に対する不信感が容易に見て取れました。

まずは、息子さんのお話を傾聴し、そのうえで、施設運営における業務上のミスについて、対話を通じて、しっかりと職員教育を施設長である私が行うことをお約束しました。

私は息子さんには、「今までの状況から、申し上げにくいが、施設側としての体制を整えるのに数カ月の時間が欲しい」ということをお伝えしました。これは業務を改善すると口先での約束は簡単ですが、この約束が守れないとかえって息子さんの感情を逆撫ですることになるから、という私の判断でした。

この後、体制整備は道半ばです。しかし運営上、できていないところをそれこそ「繰り返し、繰り返し」徹底して指導していることから少し希望の光が見えてきたかなと思っています。

この間、吉田さんの息子さんには、お電話や直接面会してご意見を伺うなどを、繰り返し行うことにより、当施設が変わることを見守ってくださるという「当施設にとっての理解者」になってくださっています。

この経験はまだ簡単には完結するような話ではありませんが、改めて勉強になる機会でした。

契約に基づき、老人ホームに入居いただいている限り、しっかりとしたサービスを提供するのは大前提です。しかも、そのサービス提供を受ける入居者にとってサービスは質が良いほうがいいに決まっています。そうであれば施設側が入居者や家族と「しっかりと対話をしながら生活を創り上げていくこと」はお互いにとって非常に大切なことです。

今回、入居者とそのご家族と誠実に向き合い、対応することを通じて、当初の苦情が、当施設にとって最大の支援者の「応援」となって返りつつあるのです。

さあ、これからも期待に応えるよう、頑張ろう。

18日目

本当にできるのか

当施設に入居された山田さん（仮名）は、終末期のガンであり、看取りを前提にされていました。山田さんの娘さんは非常にお父さん思いの方でした。

山田さんの娘さんは、大切なお父さんを看取られるということで、かなり心を乱されている状況でした。

そして、数日して山田さんは当施設でお亡くなりになりました。

山田さまの葬儀や納骨も終えられたある日、一本の電話が施設にありました。電話の主は山田さんの娘さんで、その内容は「お看取りに入り、自分の父親の意識が薄れつつある状態の中、施設側の職員が、父親がもうすぐ亡くなる、と話した。そのような話は、その場を離れて話をするべきだ」ということでした。電話の向こう側で娘さんは涙を流されているようで、感情を押し殺すように怒っていらっしゃいました。これが事実であるとすれば、至極当然な話です。

老人ホームにおいて、安らかに看取りを行うことは、施設運営の中でも非常に重要な位置づけにあり、このような人生でのフィナーレで、お見送りするご家族にこのような感情を抱かせてしまったことは、運営側として非常に申し訳ない気持ちでいっぱいになりました。


山田さんの娘さんのお話をしっかりと傾聴し、その場で電話の中で謝罪のうえ、改めてご自宅に伺い謝罪しました。

人間の機能で最後まで残っているのは「聴覚」であるといいます。そうであるなら不用意な発言は、看取られるご本人にも聞こえているということになります。

私は、施設の職員に、上記のような苦情があったことを伝え、念のため、人間の機能で最後まで残っているものが何かを質問しました。職員は全員、そのことを理解していました。

しかし問題の本質は、「理解していても、その言動や行動を実行できなかったこと」

なのです。

いくら頭で分かっていても、その場で実際に行動することができなければ理解していないことと同じなのです。

木の切断面に色を入れることは非常に困難です。なぜなら木の切断面は色をすぐ吸収してしまうから。これに色を入れるには「根気よく、何度も、何度も繰り返し」同じ作業を行うことです。

運営の質も同じです。「繰り返し、繰り返し、できるまで」これを行い続けることが、運営の質を上げる唯一の方法であると思います。

19日目

楽しく生活するためには

老人ホームでの生活を行ううえで「自分と他の入居者」はどのような関係でしょうか。例えば自分と同じ地域の老人ホームに入居することができて、スタッフも入居者の知り合いが多いなどという特殊な状況を除くと、「自分は他の入居者のことを知らない状態」、つまり他人という関係です。

当然、他人であれば、育った環境や価値観も違います。高齢者施設での生活は集団生活ですから、その中で円滑に生活を送るためには、「同じ施設で一緒に生活する他人といかに上手くコミュニケーションを取るのか」にかかっています。

集団生活でコミュニケーションを取ることが上手で、施設内に「友達」を早く作ることができるのは、やはり「女性」です。新しく入居されても、周りにドンドンと声を掛けてお友達を作っていかれることが多いのです。

反面、「男性」は集団生活で人間関係を作っていくのに苦労されることが多いように感じます。私なりに観察していると、やはり男性はフランクに周りに声を掛けることが少し苦手なのかもしれません。

この世代の男性は、現役時代に会社に所属し、その全てを捧げるような勢いで仕事をしてきた方が多いのではないでしょうか。そうすると、どうしても現役時代の会社名や地位、肩書などにとらわれる方がいらっしゃるのも事実です。もちろん現役時代に努力し、活躍されたことを誇りに持つことは問題ではありません。しかし、老人ホームでの集団生活において、一緒に生活をして人間関係を築いていく「これからの仲間」に対して、過去の実績ばかりを強調してしまうと、どうしても人間関係を上手く築くのが難しくなります。

今後、老人ホームに入居を検討し、入居後に新たな人間関係を築くのには、この「自らの誇り」は、大切な思い出として一旦胸に仕舞ったほうが良いと感じます。

私の運営する施設では新規入居が決定すると、その方に食堂のどの席に座っていただくかを必ず打合せします。なぜなら新しい入居者にとって、「他人」である他の入居者とお話をする機会は、食事を摂る時が多いからです。

その方のアセスメントの状況を勘案し、性格や病気の状況、介護の状況を含めた身体的状況を考えながら、食堂の席や人の組み合わせを検討します。

当然、皆さん性格的にも合う、合わないということもありますので、いつも上手くいくとは限りません。しかし、このように施設側で人間関係に水を向けるような心配りをすることで、新規の入居者が集団生活に馴染むことができるきっかけ作りをしています。

20日目 食べたいものは食べたい

人間が生きていくためには「衣食住」が必要であるといわれます。老人ホームに入居すると、入居者の興味が集中するのは「食」であると思います。もっとも、入居者でなくても、美味しいものを食べたいという欲求を持つことは普通でしょう。

「食べたいものは食べたい」というのは、これが通常の元気な方であれば、自分でお金を払って、それこそ食べたいものを食べても、誰かに咎められることもないのです。しかし、これが老人ホームとなると話が変わります。

そもそも老人ホームに入居される方は、身体的に不安がある方がほとんどです。そのため入居される際、事前に老人ホームで生活するために必要な情報を確認する流れになっています。この情報の中で食事のこと、つまり食形態や塩分の状況を細かく確認しています。

高齢期になると食事を摂取するうえでの嚥下機能（飲み込むための機能）が衰えてき

ます。そうすると入居者の身体的状況を見ながら、入居者が食べやすいように「刻み」であったり「ペースト」であったりと食形態を調整する必要があります。

また、循環器系の疾患のある入居者であれば「塩分量の調整」であったり。場合によっては「肉類の摂取禁止」などというケースもあります。

ここで、健常者のように食への欲求を自己責任で満たすことができれば何ら問題はないのですが、老人ホームではそうはいきません。なぜなら、入居者の身体的状況によって「食べられないもの」があるからです。仮に、入居者本人が「食べられないもの」をどうしても食べたいと言い、老人ホーム側がこれに従い、万一事故が起こった場合には、運営会社側は善管注意義務違反に問われてしまいます。

一旦老人ホームに入居すると、外出する機会が減少する傾向になり、そうすると一層、老人ホームでの食事に非常に興味が向かいます。そのような入居者の方との経験談です。

入居者の林さん（仮名）はアメリカのハーバード大学でも教鞭を執られた著名な大学教授。年齢はまだ60代後半ですが、心疾患と脳梗塞を起こされて手術の後、病院から私が施設長を担う老人ホームに入居されました。

お話を伺うと、戦後に新制高校を卒業してすぐにアメリカに渡り教授となられたとのことでした。日本が敗戦直後でもあったため、いろいろと苦労されたとお話されました。例えば、アメリカに向かうのに１ドル３６０円の時代でしたからお金の工面が本当に大変だったこと、大学で学ぶため、そして生きるために綿花農園で、それこそ奴隷のような扱いを受けながらも必死に働いたこと。

また、一生懸命に夜まで、大学図書館で勉強をしていると大学の同級生に本を隠されるような虐めを受けるなど大変な思いをされたそうです。

しかし、このような苦難を乗り越え、その道の第一人者になったということは、いかに林さんが自分の信念や考え方を強くお持ちだったのだろうと感じていました。

林さんは病院から、食事制限、特に肉類の摂取については、極力抑えるようにという指示を受けました。よって、当施設の林さんへの食事の提供は、おのずと菜食が中心となりました。

手術後の経過は順調で、林さんはリハビリテーションを受けながら、食事制限も頑張っていました。しかし、若い頃からアメリカで、肉食が中心の生活を送ってきた林さんは、いつしか私に「ステーキが腹いっぱい食べたいんだ」とおっしゃることが多くなりました。その際、私は「今は食事制限が出ていますので難しいですね」とお答えするしかありませんでした。

そのようなやり取りが半年ほど続いたある日、林さんの妻の輝子さん（仮名）から、林さんが当施設を退所して自宅に戻るとのお話をいただきました。ご本人に理由を伺うと、やはり食事が理由なのです。

林さんは「たとえ死ぬことがあっても、好きなものを食べて死にたい、生きるために食べたいものを食べられないのは、自分の価値観には合わない」とおっしゃったのです。

私は、この言葉に衝撃を受けました。

普通、主治医から既往症の影響を考慮し食事制限をするように指示があれば、老人ホームを運営する者としては、それに従うのは当然です。しかし、その当の本人、自らの意思、判断がある場合、これに寄り添うことも、個人の尊厳を尊重することになるのではないか、ということが頭に浮かびました。

これは、人は「なぜ生きるのか」という問いにまで遡るのでしょう。

林さんは、当施設を退所され自宅に戻られました。そして、自宅ではステーキを召し上がりながら、好きなワイングラスを傾けたそうです。

その後、林さんは残念ながら2回目の脳梗塞を発症され、帰らぬ人となられたそうです。

しばらくして、私は妻の輝子さんと話をする機会がありました。

輝子さんは、「夫が亡くなって心にポッカリと穴が開いた気持ちです。でも、食べたいものを食べて亡くなったのは幸せだったんじゃないでしょうか」という言葉をおっしゃっていました。

「食べたいものを食べられず生き永らえること」と「食べたいものを食べて死すること」、果たしてどちらが正しいのでしょうか。

人が、自己の信念に基づき、それぞれの価値観によって判断していくことが正しいのでしょうか。生きる人間の尊厳とは何か、私にはいまだに答えは出ていません。

21日目 現役時代のスタイルは変わらない

人間は、生まれて現在まで全く同じ人生を歩むことはありません。実は、私には双子の子どもがいます。全く同じ親から同時に生を受けたにもかかわらず、性格や考え方が全然違うのです。

つまり人間は、それぞれが自分らしくその人生を生き抜くのです。

私が施設長をつとめる老人ホームにも、非常に印象深い入居者の方がいました。その方は斎藤さん（仮名）という女性です。斎藤さんは戦前に商業高校をご卒業後、ある会社の経理を担当されていたそうです。そして戦後に行われた「公認会計士」の試験に合格されました。

今でこそ女性の公認会計士というのは珍しくないですが、当時女性の公認会計士は、なかなかいなかったそうです。私が老人ホームで、斎藤さんとお話をさせていただいても、非常に頭脳明晰、自分の考えをしっかりと持たれた方だといつも感心していました。斎藤さんが老人ホームに入居されたのは、大腿骨頸部骨折の手術を受けられたあとでした。

斎藤さんは入居されてから、ご自身の体力低下に非常に気を使い、リハビリテーションを毎日、一生懸命続けていました。ここまでの話はリハビリテーションに興味がある普通の方と変わらないと思います。

ところが、斎藤さんが本当にすごいところは、ご自分の手帳に1週間単位の計画表を作成され、かつ一日の計画でも「それこそ5分単位」で、キッチリと計画を立てそれを確実に実行していくのです。計画表には、「起床時間、食事やリハビリテーションの時間、通院の時間、入浴等々」、それこそ事細かに記載されています。

お分かりだと思いますが、これを毎週、毎週、必ず作成、そして実行していくのは本当にすごいことです。

斎藤さんの性格もあると思いますが、このキッチリとした計画や実行力は、現役時代に公認会計士として活躍された「仕事のスタイル」が、老人ホームでの生活にも反映されているのではないかと私は思いました。

もちろん私も施設長として、斎藤さんの考え方、計画に沿うよう努力もしました。しかし、老人ホームという集団生活の特性上、その希望が全て叶ったかといえば、自ずと限界もあったのも事実です。

その中でも、特にリハビリテーションに対する計画や実行については、それこそ執念に近いようなものを感じました。

斎藤さんは、理学療法士と打合せした計画に基づき、毎日、しっかりとリハビリテーションを行っていく。歩行時間や歩行距離等々をしっかりと確認しながら、それこそひとつひとつです。

もちろん、リハビリテーションの成果はすぐに出るものではありません。斎藤さんは歩行訓練が思い通りに行かないと、涙を流しながらすごく悔しがり、それでも繰り返し、繰り返し、愚直にリハビリテーションを行うのでした。

ある日、斎藤さんが機能訓練室で、理学療法士と一生懸命リハビリテーションを行う姿を私はそっと後ろから見ていました。

すると斎藤さん、私に向かって、それこそ満面の笑みで両手を大きく広げポーズを取ってくれました。

斎藤さんから言葉はありません。

でも、私には「やった、やっとできた」という意味が分かりました。

私は、斎藤さんに駆け寄り「やりましたね、すごいです」と声を掛けました。

私は、リハビリテーションに対する考え方、価値観は人それぞれあるのだと思います。

また、リハビリテーションを行ううえで、その効果を測定する意味からも、数値的な目標、結果も当然必要でしょう。

しかし、先ほどの斎藤さんの気持ちこそが、リハビリテーションから得られる一番大きな成果なのではないかと思えます。

肉体的にいえば、リハビリテーションを行うことにより現存する機能を維持、改善すること。

そして精神的には、リハビリテーションを行うことにより、目標をクリアした達成感や前向きな気概、自分らしく生きる支えとなるのではないでしょうか。

22日目 考え方が変われば行動が変わる

老人ホームは日々の暮らしの場ですから、入居者から様々な要望や苦情が出てきます。私はこうした要望や苦情が多ければ多いほど好ましいと考えています。なぜなら、生まれてから様々な人生を歩まれた入居者は、それぞれの価値観を持っているはずだからです。

そして、一番大切なことはその要望や苦情に対して素直に向き合うことなのです。

さて、施設長は、これらの要望や苦情にどう対応するべきなのでしょう。またどのような基準を持って判断するべきなのでしょうか。

私の施設には、非常によく仕事をしてくれる介護職員の井上さん（仮名）が勤務してくれています。井上さんは自分で業務を前向きに行ってくれる職員でいつも頼りにしています。ただ、非常に生真面目な性格なので「思っていることが表情に出てしまう」ことがあるのです。

今回も入居者から居室内清掃についてご要望を受け、それこそ表情を曇らせながら私のところに相談に来ました。入居者からの要望というのは、居室内清掃に入った時にナースコールとゴミ箱を置く位置を指定の場所にして欲しいというものでした。その方のお世話をさせていただくのに不都合がないのであれば、その内容を他の介護職員と情報共有し、今後居室内清掃に入った時は、そのようにすることを引継ぎするように指示しました。

しかし井上さんは、入居者の要望や私の指示に従うと返答をしつつも、その表情は明らかに不満そうです。私は今一度、井上さんに話をしました。

「入居者からは様々な要望が出てきますが、文句を言われたと感じたりしていませんか」

そうです。人間は要望に対して、否定的な気持ちを持つと、どうしても後ろ向きな対応となります。これがひどくなると、要望や苦情を言う入居者やご家族のことを、面倒くさいことを言う人と感じることにもなりかねません。

そこで井上さんには、この要望を前向きに捉えてみよう、そしてこれを「自分が気づいていないことを教えてもらったんだ」と考え方を切り替えてみませんかと提案しました。

つまり、要望や苦情に対して自分がどのように考えるかということです。否定的に捉えれば、当然行動も後ろ向きな行動となりますし、肯定的に捉えれば前向きな行動、つまり「この要望を通じて自分も賢くなり、施設の生活環境も良くなる」という考え方となるはずです。

入居者やご家族からの要望や苦情に対して、嫌々な対応をしている施設は、どうしても対応が後ろ向きとなり、風通しの悪い運営となることが多いのです。

物事は、ぜひ前向きに捉えましょう。
「考え方が変われば行動が変わる」ものです。

23日目

生活は一緒に創るもの

老人ホームに入居された方々も、自宅ではご家族に囲まれながら人生を送り、生活を創ってきたのでしょう。

自分の身体が弱ってきて、老人ホームに入居したからといっても、この気持ちを諦める必要はありません。確かに老人ホームは「集合住宅」であり、他の入居者の方々と一緒に生活するのも事実です。しかし、老人ホームもあくまでも生活の場であることに変わりはないのです。

自宅でも家族と血縁があるとはいえ、様々な嗜好の違いがあったのではないでしょうか。それでも、一緒に生活する中で、何らかのおり合いをつけながら生きてきたのだと思います。

そういう意味では、新しく入居する老人ホームでも、「他の入居者」は住宅内に一緒に住む「新たな家族」ということではないでしょうか。
生まれてから育った環境や習慣も違うでしょう。でもそこで「人が集まって暮らす」ということは、新たな人間関係、そして生活が創られるものです。
元気な時はそれぞれ個人に判断を委ねることが合理的でしょうが、老人ホームでは各人が身体的、精神的な不安を抱えながら生活しています。そうであれば、「人間関係の行司役」となるのは施設側、そう、施設長が担う必要があるのです。

私は、新しい入居者の方の身体的状況や性格をよく確認しながら、食事で気の合いそうな方と同じテーブルにさせていただいたり、また同じ趣味、例えば将棋が好きな方との対戦を企画したりして、「人間関係を築きやすく」なるように、積極的にお手伝いをします。こうして上手く人間関係を築く、きっかけを作ればしめたものです。

人間関係については、良い話ばかりではありません。入居者どうしでトラブルになった際は、双方の話をよく伺いつつ、場合によっては家族にも力を貸していただきながら調整することは、老人ホームの施設長の力量なのだと思います。

様々な人生を送ってこられた入居者の皆さんが、「新たな家族」となり、一緒に生活を創り上げていくためには、施設長が重要な役割を果たさなければならないのです。

24日目 人を褒めていますか

私の老人ホームでの毎日のルーティンは「褒める」ことです。

朝、職員に私から「おはよう」と声を掛けると共に一言添えます。髪型が変わった職員に「髪をカットしたの、似合いますよ」とか、「笑顔がいいですね」など、一言添えるようにしています。

その職員ははにかみながら「少しカットしたんです、でも切り過ぎました」などと反応してくれます。ちょっとしたことですが、その言葉で職場の雰囲気が和むものです。

朝礼後、館内を私が巡回していると入居者の方々と顔を合わせます。もちろん私から「おはようございます」と声を掛け、併せて「そのお洋服きれいですね」とか、「すごくお似合いですよ」などと、一言添えてみるのです。

このような「心配り」ができているでしょうか。

感染症が増えていることも要因ですが、ここ数年、人との触れ合いや関わりがより希薄になったように思えます。それでは生活は創れません。

ですが、人と関わるというのは気持ちの良い話ばかりではありません。老人ホームのような多くの人々が暮らす場所では、いろいろと意見や苦情が出るものです。

ここで、つい「入居者から意見や苦情が出ないようにするにはどうすれば良いか」などと考える施設長がいるかもしれません。私は、このような考え方は全くの間違いであると思っています。なぜなら、このような多くの方々が生活する場であれば、意見や苦情が出るのは当然であり、このようなことが出るからこそ施設運営は健全であると思うのです。

施設長は、これらの意見や要望に対し真摯に向き合い、施設運営を行ううえで自分で判断を行い、これを発言した方に丁寧にご説明することが大切だと思います。

例えば、ある職員の対応が良くないことに対するご意見が入居者からあったとします。このような場合、事実確認を行い、その職員に注意をし、ご意見のあった入居者に結果をご報告するという流れが一般的でしょう。

では、その職員の仕事ぶりが成長したり、または入居者のご家族から褒められた場合、施設長としてその職員を「褒めて」いるでしょうか。

つまり、ご意見をいただいた場合には、職員にしっかり注意をするが、逆に褒められている時もその職員へ褒められたことを伝えているのかということです。

私は、入居者の皆さんも、そこで働く職員の皆さんも「ひとつの家族」であると思っています。自分の子どもが学校で褒められた時、「よくやったな」と褒めませんか。「良いものは良い」のです。入居者やご家族から職員が褒められたのであれば、大げさなくらい「思いっきり褒めて」あげましょう。ハッキリ言わないと伝わりません。その職員に「褒めている」と伝わらなければ意味がないのです。

いつも人の注意ばかりを行い、人の良い面を見ない、そのようなことをしていたら、信頼関係など生まれません。職場に笑顔がなくなり、「心の潤い」もなくなります。そのようなことばかりしていたら、「真の家族」になんて、いつまでもなれやしません。

ここで老人ホーム選びを考えている皆さんにひとつアドバイスをさせていただきます。見学する老人ホームの玄関を入った時の雰囲気を感じてください。明るく「おはようございます」と職員が声を掛けてくれるのか。そして案内をしてくれる職員が笑顔で、老人ホームの雰囲気が明るいかどうか。

恐らく、これができている老人ホームは、入居者や職員と一緒に生活をするための大切な要件を備えていると言えるでしょう。

25日目 施設長にとっての通信簿

老人ホームでは、施設の運営状況をお知らせする場として運営懇談会が必ず開催されます。

ここでその老人ホームの施設運営に対する考え方を知っていただくことができます。

老人ホームに入居するということは、在宅介護が困難になっている方がほとんどだと思われます。また、老人ホームの所在地がご家族の家から近ければ別ですが、ご家族が頻繁に老人ホームを訪れることも難しいでしょう。

そうなると入居者が老人ホームでどのような生活を送っているのか、またどのような介護や対応が行われているのかを、ご家族を含む外部の方が知ることは困難なのです。

また、老人ホームを運営する側にとっても、日々一生懸命入居者を支えている姿をご入居者の家族には伝えにくいものです。

そういった意味で、運営懇談会は、老人ホームがご家族へ施設運営の内容を説明し、その施設運営の状況をしっかりと情報開示する貴重な場なのです。

しかし、運営懇談会に対し、このような考え方の老人ホームばかりではありません。内心「運営懇談会で質問や文句を言われたら嫌だな」という後ろ向きな考えもあるようです。実は、それには理由があります。

ある意味、老人ホームの運営は事故や問題がなく、無事に時間さえ経過すれば、一日が終わるものです。しかし、入居者は、原則24時間、３６５日、その施設で生活しており、そこでは様々な事故や要望、人間関係のトラブル等々も当然起こるものです。

つまり、施設運営において、日々のご要望に対し細やかに耳を傾け、事故やトラブルに対しても問題点の把握や解決のための取組を行っているかどうかが大切です。

老人ホーム運営は、入居者の皆さんの生活を支える、日々の地道な積み重ねが「運営の質」に表れるものです。

この積み重ねを怠った老人ホームの施設長にとって、運営懇談会は恐怖でしかないでしょう。理由は簡単、日々の積み重ね、入居者等との対話を怠っているから。

もちろん、様々な事柄を、全て解決できるものではありません。しかし、これに耳を傾け、前向きな気持ちで、一生懸命取り組むことが求められます。

さて、私の場合は、自分が施設長として施設運営を行う老人ホームについて、入居者やご家族の皆さまにしっかりと説明し、評価をいただく「一大イベント」として張りきって開催準備を行います。

このような前向きな気持ちで運営懇談会を開催しますので、懇談会終了後の感想として皆さまから「分かりやすかった」「運営状況が理解できた」「これからもよろしくお願いします」という言葉をいただくことができます。

こうした言葉をいただけるのは、施設運営を行うものとして、この上ない喜びです。

老人ホームの入居者は大切なお客様であることに間違いはありません。

ただし、一緒に生活を創るということで言えば、入居者もご家族も、そして私たち職員も同志。

その最大の理解者に丁寧に説明を行わなければ、共感などは生まれるわけがありません。

26日目 人が繋がり心がかよいあう

私が施設長の老人ホームには広い庭園があります。しかし、私が着任する以前は庭園の手入れが行き届いておらず、草や木が生い茂っているようなありさまでした。しかし、この庭園には、各所に石垣造りの立派な花壇が配置され、車いすの方も余裕をもって通ることができる通路もありました。

せっかくの庭園、レストランに面しており、ここを整備すると入居者の皆さんが食事をする時も、風景を楽しめるのではないかと思いました。

この庭園の広さは、フットサルの試合ができるくらいの広さもあることから、まずその整備をどのように行うか施設のスタッフを交え、一緒に考えました。

開業以来手の入れられていない庭園は、すでに整えるような状態ではなく、まずはリセットすることが必要であることが分かりました。

時期は3月、夕暮れも少しずつ時間の余裕が出てきました。私と手伝いを申し出てくれたスタッフとで、昼休みや手の空いた時間、就業時間終了後に、草を引き抜き、木々を切り倒しながら、何とか「土が見えている状態」までにしました。

こうして見回すと、この花壇、何と車いすの方でも「土いじり」ができる高さではないですか。スタッフにも相談し、庭園に「花と収穫のエリア」を創りました。花のエリアにはスミレ、パンジーなどの可愛らしいお花の苗を植え、収穫のエリアにはキュウリ、ナス、スイカなどを育ててみることにしました。

このお花の苗を植え、野菜の種をまくのは、私やスタッフではなく入居者の皆さんにお願いすることにしました。入居者の皆さんは、私よりこうしたことには、よほど知識をお持ちでしょうから。

小川さん（仮名）は農家で育ったいつもニコニコしている素敵な女性です。車いすで、日頃はあまり外出される機会がないようなのでお手伝いをお願いしました。

「土の匂い。この感触、懐かしい」

苗の植えつけ方がおぼつかない私に、小川さんは優しく教えてくれました。

レストランから見える庭園、花のエリアのスミレ、パンジーの可愛らしい花に気づいた他の入居者の皆さんからも庭園がきれいになって、レストランで楽しく食事を摂ることができるようになったとお話いただきました。

そして、今度、次の暖かい日に今度は野菜の種を植えてみようと小川さんとお話をしました。当日は施設に新しく入居してこられた前田さん（仮名）も誘ってみました。

私、小川さん、前田さんと花壇に畝を作って、キュウリ、ナス、スイカの種をまいて、話がはずむ。気づくと、みんなの手は真っ黒です。

「お日様の光に照らされて、気持ちいい」

前田さんがつぶやく。

一緒に行動すると、人の心がひとつになります。

それから小川さんと前田さんは、レストランでは庭園に近い席で一緒に食事を摂られるようになりました。そして私がレストランを巡回しているとお二人の会話から、このような話が聞こえてきました。

「スイカが随分大きくなったのよ、もう何個も」

「あっ、ほんとだ、あとどのくらいで食べられるのだろう?」

夏の盛りを過ぎる頃、小川さん、前田さんと相談して、いよいよこのスイカを収穫してみようという話になりました。

他の入居者の皆さんにもお声掛けして一緒にスイカを食べてみようということになりました。

私とスタッフで手分けして立派に育ったスイカをレストランの床に敷かれたブルーシートの上に置いて、私が包丁でスイカを割ると中身は立派に熟しています。

「真っ赤だね。美味しそう」

レストランに起こしいただいた入居者の皆さんにもスイカのおすそ分け。

その中心に小川さんと前田さん。

「来年の種まきは、他の方々もお誘いしましょうね」

私たちは人を繋ぐ「きっかけ創り」が大切な仕事なのだと思いました。

27日目

お正月の振る舞い酒

老人ホームの施設に入居されている方はご自宅での生活が難しいということです。

まだ、入居者の介護度が軽度で、ご家族が短期的な受け入れが可能であれば、年末、クリスマスやお正月に老人ホームから外出し、自宅に戻ることができる場合もあるでしょう。

しかし、そのように自宅に戻ることができる方は、本当に一握りなのです。

そして今年もまた、年末がやってきました。

大晦日になると、入居者のご家族がポツリポツリと施設に、自分の親御さんを迎えに来ます。

家族が施設に迎えに来ると、その入居者は本当に喜ばれます。

私は取り立てて何もしていないのですが、何かすごく良いことをしたかと勘違いするくらい自分も嬉しくなります。

そのやり取りで、私が一番目に焼きついた場面を、ここで皆さんにご紹介したいと思います。

今回の話の主人公である、入居者の中村さん（仮名）は90歳代の女性です。軽い認知症を患っていらっしゃるものの、非常に物腰の柔らかな素敵な女性です。この中村さんは、大晦日にご家族のみんなの待つ自宅に戻られて、夕食は息子さんご夫婦、お孫さんの笑顔に囲まれて賑やかに年越しされるご予定です。中村さんにとってこの大晦日は、本当に楽しみで楽しみで仕方なかったのです。

中村さんは、息子さんが迎えに来る約束の時間の「かなり前」から老人ホームの入口に佇み、息子さんをひたすら待ち続けます。

そして約束の時間に、中村さんの息子さんが「お母さん、待たせたね、迎えに来たよ」と大きな声で中村さんに語り掛けました。

ここで中村さんは、息子さんに向かって何と言ったと思いますか。

中村さんは満面の笑みを浮かべながら息子さんに向かってこう言いました。

「私のことを忘れないで迎えに来てくれたのね。本当に嬉しい」

私は、この言葉を聞いて胸が熱くなりました。

この言葉は、老人ホームで暮らすどの入居者も思っていることですし、非常に物事の核心を突いた発言なのです。

私は思うのです。認知症だから分からないのではなく、「人間として、素直に物事の本質を把握する力は、かえって認知症の方のほうが優れているのではないか」と。

中村さんは、息子さんが老人ホームに迎えに来て、笑顔で自宅に帰宅されましたので、これはこれで良かったたで、話としては終わりです。

しかし、大晦日は美談だけではないのです。私たちは、他多数の入居者にも心配りをしなければなりません。むしろ、こちらのほうこそが、施設運営のプロに求められることだと思います。では、それは何か。次に小林さん（仮名）の事例に焦点をあてたいと思います。

小林さんは、つい最近施設に入居された80歳代の男性です。やはり軽い認知症を患い、ご家族関係の事情から、この老人ホームにいらっしゃいました。

実は、小林さんは前述の中村さん親子の様子を見ていました。その瞳は、悲しそうで、何ともいえない表情を浮かべていました。

小林さんは、中村さん親子が施設を去るまで、ずっとその姿を目で追い続けていました。

小林さんをはじめ、年末年始を施設で過ごす他の入居者の方々だって気持ちは同じはずです。部屋に閉じ籠る入居者、家族がお迎えに来た入居者から、わざと目をそらす方もいます。

入居者の誰しも、内心は自分も「自宅に戻りたい」「家族に迎えに来て欲しい」と思っているはずです。私が同じ立場であっても、そう思います。自分が元気な頃、年末年始は賑やかで、家族や親戚が集まって、その笑顔の輪の中に自分もいたのですから。

でも、今の自分にはできない、だから我慢する。

なぜって「家族に迷惑を掛けるから」。


本来、賑やかな年末年始を、このような気持ちで迎えることが、どんなに悲しいことか。私は施設長として、この入居者の気持ちが痛いほど分かります。

ですから、私は施設長である限り、絶対に大晦日と元旦は入居者と一緒に過ごすことにしています。

そう、入居者には、絶対に寂しい思いをさせないと誓っています。


年末に施設に残っている入居者は、認知症であったり、要介護度が重い方が多かったりと、自分の気持ちや思いを感じたり、伝えたりすることが少し弱くなっている方々が多いと思います。

だからこそ、施設長の自分が「自分の熱」で入居者の皆さんを元気にしたい。そう、入居者の心に火を灯し、少しでも「楽しい時間」を共有したいと思っているのです。

そして、新年明けて元旦、私は朝食もしくは昼食に、入居者の皆さんに「あけましておめでとうございます！」と元気に声を掛けながら、お屠蘇をお配りするようにしています。レストランに入り、着席している女性を見ると、お正月の度に「ハッ」とすることがあります。

それは、髪を整え、美しく着飾り、「頬に紅を差した」女性の方々なのです。

新年を迎えるにあたり、季節感を大切にするという素晴らしい日本の伝統というものを「人生の先輩」である入居者の方々から、いつも教えていただきます。

私は、着席している入居者の皆さんに、「あけましておめでとうございます」とひとりひとりに声を掛け、入居者の皆さんの盃に、お屠蘇を「なみなみ」と注ぎます。

併せて、私は入居者の皆さんに、「新年を迎えるにあたり、教えていただいてありがとうございます」と、心の中でつぶやくのです。

入居者の皆さんの表情は様々です。笑顔、はにかんだり、「おめでとう」と元気に声を掛けてくださったり……。

たとえ入居者の方にお屠蘇を飲めない方がいらしてもいいじゃないですか。自分の守る施設で、人生の先輩である入居者の皆さんと、素晴らしい新年を一緒に迎えるって、なんて素晴らしいことだろうと思います。

これこそ老人ホームの施設長の醍醐味なのです。

28日目 桜の花とそれぞれの春

春を迎え、桜の開花という言葉を聞くと、日本という国に生まれたのであれば桜の花をめでたいと思うのではないでしょうか。入居者の皆さんも「この桜の花を幾年も見てきたが、ちり際が潔いから愛おしい」と言われます。

入居者の中で、この桜の花見への希望者を募り、車を複数出す、もしくは複数の日程を組む等、施設側も努力します。

「今年も桜の木の下から、ピンク色の桜の花びらを思う存分、見上げて欲しい」

入居者はスタッフの付添いのもと、ゆっくりと歩む方、杖を突く方、車いすの方、皆で桜の木のある公園まで移動します。公園の両側には桜の木。みごとなピンクの花飾りのトンネルを入居者と一緒に歩みます。

風が吹くと、桜の花びらが「ヒラリヒラリ」と舞い落ちる。

皆さんは、一生懸命、花びらを手のひらで受け止めようとする。

花びらを追うことに夢中になって、仲間から笑い声が聞こえてくる。

花を愛でることから季節を感じ、そしてまた仲間と一緒にやっていこうという姿に見えるのです。


そして、この花見に参加できなかった入居者の方は、花見ができないかといえばそうではありません。

理由は、ほぼ施設で行う花見と同じ時期に、施設の玄関に「桜の木」を用意していたからです。あらかじめ施設の近隣の花屋さんにお願いして、花き市場から枝ぶりの良い「桜の木」を取り寄せ、大きな花瓶に植えました。この桜の木には花のつぼみがたくさんついています。

入居者の皆さんには、玄関に桜の木があることをお伝えし、桜の花を、レストランに行く時、外出する時、見て感じていただきました。外出が難しい入居者の方にもリクライニング型の車いすに乗りながら、桜の花を愛でていただきます。

「目に映る桜の花びらはきれいですか」

自然の中の桜であっても、花瓶の桜であっても、それぞれの春があって、それぞれが春を感じることができれば良いのだと思います。

29日目 人と寄り添うとは

この世の中には様々な仕事があります。そして皆さんは何らかの縁から、その仕事についています。仕事をする目的は、その多くが「生活をするため」でしょう。これは、人間が生きていくためには至極当然な話です。これは介護業界に身を置く方々も同様でしょう。しかし、本当に仕事し続けることは「生活をするため」という理由が本当に全てでしょうか。

私の場合、「生活するため」という目的以外にも、この介護業界で働くことに理由があると思っています。

その理由とは、喜びとその根幹にある「志」です。私は、入居者の生活を支えることを通じて、入居者の方々と「真の家族」になることが究極の目標であり、私にとっての自己実現です。では、私が施設長として具体的にどのような時に喜びを感じるのかお話させてください。

それは、入居者の皆さんが「自分らしく生活をしている姿を目にする時」です。皆さんの「笑顔」「喜び」「話す」姿など、おひとりおひとりが生き生きとされている時に、心から喜びを感じるのです。

生き生きと輝く姿こそが人間の尊厳を守り、生活を創るための目的であると思いますし、このような「人間の尊厳と向き合うことができる素晴らしい仕事」が介護なのだと思います。

介護業界は、以前より「人手不足」「賃金が安い」「仕事がキツイ」といわれています。ですが、「効率的な介護サービス」ができれば、介護業界は魅力が出て、この業界で働きたいという人材は増えるのでしょうか。私は「効率的な介護サービス」が、あまりに行き過ぎてしまうと、逆に介護への魅力が薄れてしまう恐れがあるのではないかと危惧します。

労働環境を改善し、また社会保障費を抑制する目的から、「介護ロボット」や「ＡＩ」、「ビッグデータ」等の話を、日々耳にするようになりました。

確かに、介護に携わる人材不足から業務効率を上げる必要があり、これらを上手く使いこなせれば介護を効率化でき、業務に余裕が生まれることで介護の質も向上するかもしれません。しかし、この話には注意しないと重要な論点が抜け落ちる可能性がありま す。


入居者で介護サービスを受ける方々、ご家族様からすると、「質の良い介護サービスを受ける」ことができれば、究極は「人による介護サービス」であろうと「介護ロボットによるサービス」でもどちらでも良いはずです。

そもそも「質の良い介護サービスを受ける」ということは、人としての尊厳を大切にした介護サービスを利用し、自立を補いながら自分らしく生き抜くことなのです。

工場の製造ラインで「モノ」を生産するのであれば、効率化を追求することは、経営をするうえで至極当然でしょう。しかし、介護施設でサービスの提供を受けるのはあくまでも「生身の人間」であることを忘れてはなりません。

このような時代だからこそ、今一度、自分の足元をしっかりと見つめ直して、「人としっかりと向き合う介護」をしていかなければならないと私は心に刻むのです。

30日目

残り火の人生なんてない

お話も30日目にたどり着きました。

この本を手に取ってくださった皆さんに、「はじめに」でも質問しましたが、今一度老人ホームと聞いてどのように思われるでしょうか。今でもこんな風に思われていますか？

何か暗そうなところ。
やむを得ず入るところ。
老いて亡くなるところ。

このようなイメージであれば、何か後ろ向きな理由で、やむを得ず入居したというような思いが強くなってしまうでしょう。

確かに、入居者も自宅でご家族に見守られ生き抜きたいと思っている方も多いでしょう。しかし、現実の在宅介護は簡単ではありません。戦前のような大家族の中であればいざ知らず、家族の核家族化や就労の状況など様々な社会構造が変化していく中で、在宅を続けることは難しくなってきています。

こうなると、入居者にとって、せっかくの新しい生活、そして素晴らしい老人ホームに入居したとしても、そこで生きていく時間が、どうしても人生の残り火のように感じられるかもしれません。

でも、ご心配なく。

私から、家族の皆さんにお願いしたいことは、お世話になったお父さん、お母さんへの感謝の気持ちをしっかりと持ち続けていただくことです。

そして、お父さん、お母さんが、老人ホームでの新しい家族と一緒に生活をしている姿、自分らしく生きている姿を、そっと温かく見守って欲しいのです。

ある週末の午後8時、老人ホームではナイトクラブがはじまる。

いつもの顔ぶれ、みんな気の置けない仲間たち。

「お、来たな」と山崎さん（仮名）はつぶやく。

ぽつり、ぽつりと仲間が集まる。

「いらっしゃいませ」

カウンターの中には、ウエイター姿の老人ホーム職員が元気よく挨拶する。

ボトルキープしているウイスキーを取り出し、グラスに氷を入れ、ウイスキーを入れる。

「カランカラン、トクトクトク……」

誰ともなく、おしゃべりが始まる。

ゴルフやマージャンの話、自分の孫の話。

街のスナックのカウンター越しの風景と何ら変わりはない。

生活の中の普通の話。

皆さん、それぞれ生まれてからこの方一生懸命働いて、家族を養い、自分らしく生きてきた。

何かの縁で同じ老人ホームで生活し始めた。

縁で繋がった他人が新たな家族となる第一歩。

その第一歩は何も特別なことではない。
普通の生活、そして自分らしく生きること。
残り火の人生なんてない。

1日目

また今日がはじまる

いつもと変わらない朝。
平凡な朝だけど、今日もみんなの笑顔がそこにある。
さあ、今日も頑張ろう。

第2章
きっかけ

絆と運命

今、なぜ自分が施設長をしているのかを時々考えることがあります。

時は遡る1854年（嘉永6年）3月に私の曽祖父はこの世に生を受けました。当時の日本というと、幕末の時期、この年にアメリカ合衆国のペリーが黒船を率いて浦賀に来航した時期です。

曽祖父は1867年（慶応2年）に会津にて白虎隊として参戦し、戦闘の最中、敵の刃で右腕を切り落とされました。瀕死の重傷を負ったために、他の白虎隊の隊員と同じ運命をたどることはなかったのです。

その瀕死の重傷を負った彼は、偶然にも生き残り、曾孫として生を受けたのが、何とこの私なのです。

この不思議な縁《えにし》から、私は人の命とは神様からの預かりものであり、生を受けたということは、何か神様から成すべき目的が与えられたものではないかと強く感じることがあります。

そういった意味でも、私が老人ホームの施設長となって、入居者の皆さんの生活を支えつつ、多くの方々のお看取りをしてきたということに、何か運命のようなものを強く感じることがあるのです。

死と向き合うこととは

自分が、初めて肉親との別れに立ち会ったのは、1966年（昭和44年）3月中旬、当時私の住む神奈川県にも珍しい大雪が降った朝でした。私は当時4歳でしたが、その時の記憶が鮮明に残っているのです。

私と祖父と朝に体操をしようと外に出たとたん、祖父が私の目の前で「バタン」と倒れたのです。祖父はそのまま息を引き取りました。死因は脳溢血でした。

この祖父との別れは、私自身が幼過ぎて、かつ目の前での突然の出来事であり、悲しいも何も、ただビックリとした記憶しかありませんでした。

そして私が今の仕事についている大きなきっかけとなったのは、１９８２年（昭和57年）５月に亡くなった祖母との別れでした。

祖母は糖尿病を患い、病院に長期間入院していましたが、私は学校が終わると、よく祖母の入院している病院を訪れ、祖母とよく話をしたことを覚えています。

そして、祖母は亡くなる2年ほど前に病院の廊下で転倒し、大腿骨頸部骨折をしてしまいました。そして祖母は骨折した部分にボルトを入れる手術をしました。

幸いにも手術は成功したものの、術後の経過はあまり良くなく、また傷口の痛みをいつも訴えていたことを覚えています。

そうこうしているうちに、祖母は立ち上がることができなくなり、寝たきりとなってしまいました。

当時は介護保険制度もなく、約1年半にわたり、私の父と伯母が祖母に毎晩の付き添いをしていたことを記憶しています。

当然、寝たきりとなりますから、父は職場に通勤しながら、夜は祖母のおむつの交換や体位交換のため、病院へ通いました。

そうするうちに、祖母はだんだんと認知症状を発生し、精神も混濁するような状況になっていきました。そのような時でも、孫である私の名前を呼び、会いたがっていたというのです。

では、当時の私はどう思ったのかと言えば、正直怖かったのです。とにかく怖かったのです。自分には元気な祖母の表情や会話の印象が強く残っており、肉体的に衰え、苦しむ祖母の姿を目にする勇気がなかったのです。

お見舞いに行った肉親から何度も、何度も「祖母がお前に会いたがっている」と聞かされましたが、私は病院に足を向けることができなかったのです。

そして、祖母に対面した時は、すでに祖母は息を引き取ったあとでした。祖母の死に顔は、安らかに眠りについているような表情でしたが、ついに祖母と対面したのはその時でしかなかったのです。

つまり、私は祖母にこんなにも愛され、恩があるにもかかわらず、結果、卑怯にも祖母の看取りから逃げ出したのです。

このことは、今でも自分が背負う重い十字架です。

なぜ施設長に

私は、祖母の看取りをすることができなかった。

死と正面から向き合うことができなかったということです。自分は年を追うごとに、自分の心の中に、その時の後悔の念を強く感じることとなりました。

その後、縁があり高齢者施設の運営会社に勤め、新規案件の届出や施設運営を担当しました。

そのようなある日、当時の上司から「有料老人ホームの施設長をやってみないか？」と打診を受けたのです。

きっかけは全くの偶然ですが、祖母の看取りをすることができなかったことに対する何か縁のようなものを感じながら、この上司からの打診を受諾しました。

そして実際に施設長として仕事をしてみると、外で感じていることとは大きく違うことがよく分かりました。施設では介護サービスを中心に生活を支えることさえすれば良いということではないのです。

入居者と一緒に生活を創るとは、介護や医療についてはもちろん、入居者やご家族を含む人間関係の相談、他にも入居者の様々な心配事にも耳を傾け、真摯に向き合うことです。例えば相続や医療費控除など税金の相談、各種行政手続きの相談など、私は自分の持つ知識や今までの自分の知見を活かし、入居者のお役に立てたことは、私の仕事に対する喜びをより大きなものにしました。

こうしていると、この仕事は本当にやりがいを感じる、自分にとって天職であると思いました。

そして何か自分に「新しい家族」、そう「新しいお父さんや新しいお母さん」ができたようで心が満たされるのです。

人生の先輩、そして人生の師。

もっと私に生き方を教えて欲しい。


「新しい家族」となるということは生活を一緒に創ること。

生活するとはきれいごとばかりではない。家族であれば、笑顔で仲良くすることもあれば、言い争うこともあります。

このようなデコボコ道を一緒に歩いていくことこそが「真の家族」となる方法なのだと思います。


神様の見えざる手に誘われるように身を置き、一生懸命汗を流す。

入居者の皆さんと一緒に笑顔で過ごす。

ただ、入居者の皆さんに「良い時間」を過ごしてもらいたいから。

おわりに

本文でもお伝えしましたが、昨今、老人ホームの運営や介護業界においても「ロボット」、「ＡＩ」、「ビッグデータ」等の言葉を目にすることが増えました。背景には、社会保障費の抑制や慢性的な人手不足への対応等、様々な理由があるでしょう。

では、介護職員等の皆さんは、なぜ介護に関わる仕事を頑張っているのでしょうか。介護事業の経営効率化を図り、賃金を上げれば人材が流入し、人材不足は解消するのでしょうか。

私は違うと思います。

もちろん、介護業界の平均賃金は、他業種と比較して高くありません。しかし「介護」という仕事に就いている理由は、他にもあると思います。

私は、「人生の先輩」を敬い、一緒に生活を創ること、そして共に喜びを感じること
こそが、自分が介護に関わる大きなモチベーションとなっています。

望むべくは、この本を通じて、老人ホームの運営や介護業界が、「夢」がある素晴ら
しい業界であることを伝えたい。そして、もっと広めたいのです。

そして、私たちと「新しい家族」として、一緒に生活を創りましょう。

そう、私たちと一緒に。

介護コンサルタント　山田勝義

〈著者紹介〉
山田 勝義（やまだ かつよし）
高齢者施設の運営会社、介護コンサルタントとして17年間の経験を有し、うち約4年間を高齢者施設の施設長として勤務。
MATOIホールディングス、株式会社旗本 代表取締役。
保有資格：税理士・行政書士・宅地建物取引士
著書：『介護報酬改定資料から読む「介護事業の方向性」』（日本橋出版）

老人《ろうじん》ホーム施設《しせつ》長《ちょう》奮闘《ふんとう》記《き》
～入居者《にゅうきょしゃ》と暮《く》らしを創《つく》る30のエピソード～

2023年1月30日　第1刷発行

著　者　　山田勝義
発行人　　久保田貴幸

発行元　　株式会社 幻冬舎メディアコンサルティング
〒151-0051　東京都渋谷区千駄ヶ谷4-9-7
電話　03-5411-6440（編集）

発売元　　株式会社 幻冬舎
〒151-0051　東京都渋谷区千駄ヶ谷4-9-7
電話　03-5411-6222（営業）

印刷・製本　中央精版印刷株式会社
装　丁　　野口萌

検印廃止

ISBN 978-4-344-94374-2 C0095
幻冬舎メディアコンサルティングＨＰ
https://www.gentosha-mc.com/